El porvenir del cristianismo

El porvenir del cristianismo

La laicidad y el espacio interreligioso

Stanislas Breton

LA BARCA DE PEDRO
Ediciones Mensajero

Título original: *L'avenir du christianisme*
Traducción del francés: Enrique Hurtado
Portada y diseño: Álvaro Sánchez

E-mail: mensajero@mensajero.com
Web: http://www.mensajero.com

ISBN: 84-271-2454-6
Depósito Legal: BI-825-02
Impreso en Gestingraf, SAL - C° de Ibarsusi, 3 - 48004 Bilbao
Printed in Spain

A Sylvette y Catherine
en gratitud por su dedicación

Introducción

¿Porvenir para el cristianismo? ¿Para el cristianismo de nuestro tiempo? Éste es el tema de esta serie de reflexiones. Todas ellas hablan de lo que un cristiano, como tal, podría decir de la fe que comparte con sus hermanos en Jesucristo. En las respuestas que el autor aventura a sus problemas no ostenta ninguna representación, sólo la suya.

En el siglo XIX y a principios del XX comienzan a aparecer en Alemania, más que en ninguna otra parte, numerosos estudios, unos tradicionales y otros más atrevidos, con el conocido título «esencia del cristianismo». En conformidad con él, el objetivo era exponer, como en su momento hizo Feuerbach, lo que parecía definir la esencia de una religión que en ese momento era compartida en general por los países europeos.

Hoy somos menos ambiciosos. No solamente porque nos hemos hecho más prudentes, sino porque en el cristianismo, religión histórica como se dice, no es posible separar el ser del devenir turbulento que, desde su nacimiento a nuestros días, ha condicionado su existencia. Pero el término *esencia* no llega a esfumarse y, en consecuencia, vendrá bien interpretarlo de la manera más flexible.

Al respecto el ejemplo del físico nos puede ser de gran utilidad. En su estudio del átomo, el físico busca realmente llegar al máximo nivel de su aspiración, a lo que pudiera ser su esencia, en su más estricta acepción, a saber, lo que en definitiva es su constitutivo esencial y, por así decirlo, su última palabra. Esa última instancia, cuando él cree haberla ya alcanzado, se le escapa, y la dilación consecuente se constituye en el mejor homenaje a eso último que lo seduce.

Es lo que le sucede al cristiano. En su intento por desvelar algo último, aún más seductor, se pone a buscar algo esencial que, por efectuar una postulación amorosa, podría confundirse con la idea misma del ser que postula. Como el físico, él se ha de contentar con aproximaciones o *esencias-representación*. Éstas, en el mejor de los casos, es decir, en el menos malo, son los pasos de aproximación a esa esencia postulada o *esencia-función* que imanta su deseo de saber.

En este espíritu y a las puertas del tercer milenio, ofrezco aquí una reflexión de inevitable relatividad. Su intención, en efecto, es pensar el cristianismo en el *momento presente*, en el contexto de un final de siglo y comienzo de otro que presenta en su balance una flagrante degradación de la práctica cristiana. Perdiendo vitalidad en un mundo aceleradamente cambiante, el cristianismo en nuestros días no puede sino figurar en un ámbito interreligioso en el que ocupa un lugar que desafía el absoluto de su ya sabida pretensión. Así ubicado, vive por primera vez en su historia la contrariedad de ser cuestionado, una experiencia que el ecumenismo cercano practicado junto a confesiones cristianas nunca le ha hecho vivir.

Este cuestionamiento, en la actualidad, es su gran prueba. Que está agravada, porque se ha de apelar al debate para ser reconocido en la proliferación actual de movimientos religiosos. Entre estos amenazadores movimientos para el cristianismo se encuentran los de Extremo Oriente, que, al parecer, están en mejores condiciones de responder a la demanda de un Occidente algo cansado e inseguro de su porvenir.

Por decirlo sin rodeos, pienso que particularmente el budismo, cuyo atractivo me dio a conocer la Escuela de Kioto, es el interlocutor privilegiado, no para enfrentarse a él, sino para encontrarse con él en las mejores condiciones de acuerdo. Respetando las irreductibles diferencias y a despecho de las vías, o más bien a causa de ellas, es como puede manifestarse hoy el absoluto que las religiones y espiritualidades no cesan de pretender y buscar a tientas.

En un primer momento, me fijo aquí en una configuración del cristianismo. Para ello me sirvo de los datos de la Escritura que iluminan su origen y que deberían llamarse su *espíritu*, en aceptación de la rica resonancia del sustantivo. Un segundo paso lo dedico al problema de las religiones y espiritualidades orientales de acuerdo con el conocimiento que he tenido de ellas. Y, por último, esbozo los preámbulos de un encuentro que, sin atemperar las indispensables especificidades, podría acercar cada una de las instancias a su interlocutora más lejana.

1

Los riesgos de una afirmación

En la primera carta a los Corintios, uno de los más antiguos escritos neotestamentarios (hacia el año 52 de nuestra era), nos encontramos con la afirmación clara y fundada de una identidad original del ser cristiano. El hecho es bastante notable. Nos enfrentamos a una declaración de principio, análoga a un *Yo creo,* que, de alguna manera, constituye el primer artículo del nuevo Credo.

1. Conviene primero recordar su contexto. Corinto es una ciudad portuaria donde concurren los múltiples rostros de un Oriente sediento de palabra, de debate y de sol. En ella, proliferan los bandos y reclaman para sí la autoridad de este o aquel predicador. Cada uno de ellos tiene el maestro de su preferencia concorde con la inclinación de una ardorosa sensibilidad. «Yo por Pablo, yo por Apolo, yo por Cefas, yo por Cristo» (1 Corintios 1, 12-13).

Cristo, que debería ser el común denominador, es sólo el nombre de una secta en el sentido más plural de la palabra. En este contexto, el apóstol Pablo, responsable de sus amados corintios, lanza un grito angustioso preguntando: ¿Es que Cristo está dividido? Y añade algo más sorprendente: ¿Acaso ha sido Pablo crucificado por vosotros?

2. Este Cristo troceado, distribuido para la escasa felicidad de subjetividades ansiosas, ¿no es la abominación de la desolación? Sin necesidad de enunciar un principio, el apóstol sabe que «una multitud sólo puede existir participando de alguna manera en el uno».

El imperativo «que todos hablen de la misma Cosa» (1 Corintios 1, 10) y de la Cosa misma revela, entonces, una solicitud mal recompensada. Por eso Pablo, en unas circunstancias que invitan a la solemnidad de una llamada de atención, tan parecida al antiguo recordatorio *«Acuérdate, Israel»*, tiene que grabar en la memoria versátil de sus oyentes lo único necesario que es la misma esencia de la vida.

> Pues el mensaje (que es palabra) de la Cruz es locura para los que se pierden; para los que se salvan es fuerza de Dios (1 Corintios 1, 18-19).

3. Está claro, por tanto, que Pablo no ha sido crucificado por vosotros. Y la Cruz, desnuda por completo, parece en esta primera formulación prescindir de quién fue el que «murió en el madero». Pero es sólo una concisión a la que hay que incorporar de inmediato el Verbo, ese *Logos* griego tan difícil de traducir, y que aquí sólo puede referirse a la Palabra en la acepción mayúscula del término. Pues bien, esta Palabra de la cruz, que es además la Palabra en cruz, es locura; y esta locura no puede desvincularse de la Palabra.

He aquí, entonces, ese «mismo» que convertía Pablo en un imperativo categórico. Esta misma Cosa o Causa, y esta cosa misma, es la única que está en el centro de la nueva fe. Es la que congrega a la muchedumbre y la que, para cualquier pensamiento, es la única cosa que queda por pensar.

Declaración de principio

Si la Cruz es signo de convocatoria, sólo lo es en la medida en que ella separa, en que comporta secesión cuya naturaleza conviene precisar. ¿Qué diferencia original muestra esta secesión?

1. Pablo no la puede dar a conocer sino por una oposición. Pero no pensemos en una pequeña historia de tesis y antítesis que termina en síntesis. La brecha, ciertamente, ha de conservar después la memoria del pasado al que ella está necesariamente unida en calidad de oposición. Pero el corte, en un primer momento, tan costoso como el esfuerzo último de un parto, es lo que cuenta y polariza la atención.

2. ¿De qué nos separamos o, más bien, de quién? El texto es inequívoco, es decir, tan claro e impositivo como nuestro propio deseo: «*Los judíos piden señales, los griegos buscan sabiduría*» (1 Corintios 1, 22). Los verbos griegos tienen aquí un valor definitorio por el matiz específico. Subrayan el contraste entre dos básicas actitudes. Por una parte, está el ruego, la petición de señales. Por la otra, la búsqueda por el simple placer de buscar.

Los signos en cuestión no son los lingüísticos. Pertenecen a un género distinto, porque esos signos *muestran*. La fuerza de su mostración neutraliza cualquier demostración por razonamiento. Ellos, como muestran y se muestran, sobresalen en el curso de la naturaleza. Su emergencia como signos no se aparta de la excepción. En consecuencia y a despecho de su desmesura, parecen estar hechos a la medida para un pueblo excepcional.

Pues bien, Israel es realmente la excepción en la tierra prometida. Él es el elegido y el único entre todos. Por eso se entiende que su misma condición excepcional le induzca a hacer una demanda que sólo una omnipotencia puede complacer. Cuando el acontecimiento se produce, el alma de Israel, propensa al canto, se deshace en admiración y acción de gracias. Porque Israel es sólo excepción, y por gratuito depende tanto de la generosidad como de una contingencia de la que no puede tener necesaria y suficiente razón. Luego, en una perspectiva como ésta, el azar, si es que todavía la palabra tiene en este contexto algún sentido, sólo puede ser la cara oculta de una providencia toda atenta a su elegido y predilecto.

3. Con respecto a los griegos, Pablo hace de ellos la mejor definición con el verbo *buscar (zetein)*, que ha generado, entre otros calificativos, el epíteto *zetético* que reivindicó el escepticismo de Pirrón y sus discípulos. Pero eso no es más que una acepción limitada.

Pues el verbo *zetein* denota, más allá de cualquier particularismo de escuela, la dignidad de un rasgo de excelencia que especifica, no a una corriente filosófica, sino a una naturaleza singular que caracteriza al griego como griego, no como pueblo de una determinada tierra, sino como grandeza y destino de espíritu, como un rasgo perenne que ninguna fuerza puede abolir.

Pablo, judío nacido en Tarso de Cilicia, ciudad griega «afamada» por la pujanza del estoicismo, no es ajeno a esa grandeza que en buena medida él compartió. Él conocía muy bien su excelencia para querer minimizar su importancia por un resentimiento sectario contra sus orígenes culturales.

4. El análisis paulino del ambiente religioso no se parece en nada al trabajo de un antropólogo o a una fenomenología de la religión. Manteniéndose en los límites del entorno mediterráneo, abstrae sus componentes, que, en esa época, eran efectivamente los más destacados. Respetándolos, capta lo mejor posible algo irreductible que antes ya había captado en el momento de su misteriosa conversión. En ese trasfondo de historia divina y humana, emerge la diferencia que va a establecer en un *Yo creo* original:

> Mientras que nosotros anunciamos un Mesías crucificado, para los judíos escándalo, para los paganos locura; pero para los llamados, judíos y griegos, un Mesías que es fuerza de Dios y sabiduría de Dios. Pues la locura de Dios *[y en Dios] (to môron tou théou)* es más sabia que los hombres, la debilidad de Dios *[y en Dios] (to asthenes tou théou)* más fuerte que los hombres (1 Corintios 1, 23-25).

La interpretación de estos versículos, lo más fiel a su *dicho,* ni debe atenuar su extrañeza, ni acentuar su impacto. Pablo, indudablemente, es consciente de una transgresión, de un paso que dar más allá. ¡No desobedezcáis la orden del tránsito! Hay que pasar por ahí, es decir, por el judaísmo o por el helenismo. Son, pues, las dos instancias soberanas que impelen la opción.

Ahora bien, si realmente es así, conviene superarlas. La alternativa, ciertamente, no puede quedar reducida a *o bien esto, o bien aquello*. Se le podría objetar entonces a Pablo que entre dos contradictorios no existe término medio y que, en consecuencia, habría que elegir. Pero se habla de opciones contrarias más que de contradictorios. Y si los contrarios no pueden coexistir en una misma opción, nada impide el ir más allá de la ley del tercer excluido. La negación de una alternativa equivale, como es sabido, a la doble negación: ni esto ni aquello[1].

Ésta es la nueva condición que impone la fe cristiana. Su expresión más sencilla sería entonces ésta: Yo creo en Cristo crucificado, como locura y debilidad de Dios, más sabio y fuerte que la locura y debilidad de los hombres.

5. Un pensamiento tan paradójico sólo puede provocar una continua reflexión. No obstante, imposible es sustraerse a la necesidad de una primera explicación. Lo que sorprende de nuestros versículos es el recurso a expresiones gramaticalmente en neutro y precedidas del artículo del mismo género. ¿Cómo traducirlas? ¿Qué es, pues, la locura *en Dios y de Dios* como contrapartida de la sabiduría? Y la misma pregunta hacemos respecto de la debilidad *en Dios y de Dios*.

Debilidad y locura expresan, con imágenes dramáticas, una divina pasión, una especie de alienación cuyo nombre sería el amor, si no lo hubiéramos degradado con nuestras ligerezas. Nos imaginamos un arrebato de extraversión, como si Dios en su intimidad sufriese un éxodo irresistible de compasión. Ese arrebato, extraño a la gloria de este mundo, subvierte a la vez la sabiduría y la fuerza.

[1] Tal es en efecto la primera ley llamada de Morgan.

Ahora bien, por una nueva paradoja parece aliarse con el superlativo de las excelencias que excluye. ¿Quién es, pues, el Dios en Cruz de Jesucristo bajo la viva llama que lo consume? La Nada que lo califica es más original que la «nada material» (*ex nihilo*) que se admitía anterior y necesaria para la radicalidad del acto creador. Se recuperan de esta manera algunas fórmulas exageradas de la mística medieval: «Nada por exceso» o «por excelencia». Su origen neoplatónico es patente.

6. La inflexión paroxística de este paso inclinaría a una reconciliación con la teología negativa. En efecto, si estamos de acuerdo en que la sabiduría y la fuerza, como ejes centrales de una teología de la eminencia, representan las perfecciones principales a cuyo alrededor se agrupan todos los atributos de la divinidad, puede parecer que la teología de la Cruz tenga que concordar con un rechazo de todo atributo positivo atribuido a Dios. Lección de austeridad, por lo demás, que Dionisio el Areopagita transmite al Occidente cristiano.

Si me opongo a identificarlas, no es por atenuar el radicalismo de la Cruz. Lo hago para marcar una diferencia que no permite confundirlas. Porque las vías no son las mismas. «El más allá del ser y la esencia» que comentan Plotino y sus sucesores depende de una reflexión metafísica, inducida por un impulso místico que no podemos negar. El *yo creo* paulino va también a un más allá no menos riguroso. Pero el exceso que lo provoca se apoya en la imagen desconcertante del Crucificado. Y esta imagen de debilidad y locura, meditada dentro de una fe y una práctica, se convierte en un camino con que uno se compromete y en una verdad impresa en la vida que la verifica.

Con todo, no querría ignorar cuanto acerca a las dos vías. En definitiva, ambas van en una misma dirección. La distinción no impide la convergencia. Lejos de inspirar el menosprecio o la indiferencia, se comprende que espíritus tan abiertos como rigurosos hayan podido ayudarse de sus afinidades.

La Cruz y la «kénosis»

El pensamiento paulino de la Cruz es inseparable de un texto que ilumina y confirma lo leído en la primera carta a los Corintios. Locura y debilidad hacen referencia naturalmente a los versículos de la carta a los Filipenses que emplean un término enigmático: la *kénosis*. Transcribo el texto y el contexto inmediato:

> Tened los mismos pensamientos (y sentimientos) de Cristo Jesús, el cual, a pesar de su condición divina, no hizo alarde de ser igual a Dios; sino que se vació de sí (*éauton ekénosen*) y tomó la condición de esclavo, haciéndose semejante a los hombres. Y mostrándose en figura humana se humilló, se hizo obediente hasta la muerte, una muerte en cruz. Por eso Dios (literalmente *el Dios, ho théos*) lo exaltó (*huper hupsosen*) y le concedió un título superior a todo título, para que, ante el título de Jesús, toda rodilla se doble, en el cielo, la tierra y el abismo; y toda lengua confiese para gloria de Dios Padre: ¡Jesucristo es Señor! (Filipenses 2, 5-11).

1. En el curso de una exhortación que anima a los fieles a revestirse de los pensamientos de Jesucristo, en el sentido más ampliamente humano, irrumpe este himno donde figura el verbo esencial que llama nuestra atención: *se vació a sí mismo* (o de sí mismo).

Aquí no se trata de un simple vacío de hecho o de un estado de vacío según el lenguaje corriente, sino de un acto, y de un acto en su radicalidad de vaciamiento perfecto o renuncia a todo cuanto uno es y tiene. En síntesis, el absoluto desposeimiento de sí, en su ser y en su tener.

2. No es vano el evocar, fuera de nuestro texto, sus antecedentes. En ellos ha podido el autor inspirarse perfectamente. La terminología de la *kénosis* o el vacío es muy conocida del historiador de las religiones, que localiza numerosos casos de ella en diversos contextos históricos de Oriente o de Occidente.

Por limitarme a lo esencial, el lenguaje de la *kénosis* respondía, en otro tiempo, a un problema que atormentó al pensamiento religioso antes incluso de la llegada del cristianismo. La cuestión, en síntesis, era ésta: si Dios es la totalidad del ser, ¿cómo pueden existir otros seres además de él y que procedan de él? Fuera del ser sólo existe la pura y simple nada. Si Dios es el todo, no queda más alternativa que ésta: o afirmarse uno y negar a Dios, o negarse uno y desaparecer para dar plena gloria a Dios.

Algunos ironizan acerca de esta alternativa. El hacerlo sería olvidar que pone muy bien de manifiesto la esencia del ateísmo antiguo y moderno. Si se quiere obviar su despiadado apremio, a lo que parece, sólo hay un medio: es necesario y suficiente que Dios haga sitio en sí mismo a lo que no es él. Y hacer sitio viene a ser un vaciamiento de la divinidad que «permitiría ser» a los seres en la multiforme gratuidad de un universo. En consecuencia, la *kénosis* por parte de Dios es la condición para que exista algo y no nada.

3. El problema, por tanto, que se plantea concierne al objetivo de esta *kénosis*. ¿De qué se vacía el Trascendente cuando realiza la sustracción drástica de sí mismo que se impone, para que el «distinto a él» pueda, por fin, reivindicar la originalidad de su ser?

Son numerosas las respuestas que se dan a este interrogante. Por quedarnos en la teología cristiana, enfrentada al enigma de la *kénosis*, nos complace reseñar las diversas soluciones[2]. En el catolicismo, al parecer, un principio fundamental ha presidido cualquier interpretación correcta del himno paulino. Este principio es el de la inmutabilidad divina, tantas veces proclamada, en especial por San Agustín, como inseparable de la plenitud de ser que las fórmulas tomistas sintetizaban como *acto puro, ser subsistente*. La *kénosis* sólo es una forma de celebrar, presentada a nuestra imitación, el anonadamiento de Cristo, que se hizo pobre por nosotros, pero sin ultrajar al Absoluto con una impensable disminución de su esencia.

[2] Cfr. Paul Henry, artículo «Kenosis», en *Dictionnaire de la Bible*, suplemento, París, 1957, col. 7-162.

Los teólogos de la Reforma se atienen menos al privilegio discutible de la inmutabilidad. Insisten más bien en la libertad de Dios. Y esa libertad se puede sintetizar en este enunciado: Dios se da el ser que quiere. Dios, libre de su ser, es por eso mismo libre de darse la plenitud de las perfecciones o de disponer de ellas a su arbitrio. De ahí, según la lógica de su tesis, nace la posibilidad teórica de unas sustracciones que no están sometidas por derecho al *numerus clausus*.

Pero parece que vacilaron ante la exagerada hipótesis de que Dios hubiera podido hacerse «el Dios bueno» o Satán en persona[3]. Plotino, que, en las *Enéadas* (VI.8.16.15-24), anticipa este discurso haciendo del Uno «el efecto de sí mismo» (o de su «acto»), también rechaza lo arbitrario de hacer cualquier cosa, en virtud «de una voluntad que tiende a lo mejor».

Sin saberlo, los reformados adoptaron, guiados por el Evangelio y la tradición cristiana, la misma actitud de sensatez, rechazando una exégesis que no hubiera retrocedido ante la audacia de una divina perversidad.

Ahora bien, lo óptimo sólo es el amor que, para ser verdaderamente libre y divino, rehúsa la inmutabilidad, pero no el sufrimiento. ¿Qué sería un amor que rehusara sufrir? La *kénosis*, por tanto, está limitada en sus posibilidades de vaciamiento. Está al servicio de un amor y de un sufrimiento infinito «por amor».

4. No podemos mostrarnos indiferentes a estas turbadoras lucubraciones que tienden a llegar, por algunos rasgos, a la locura y debilidad de la Cruz. Tales como son y a despecho de una evidente piedad, me parecen, no obstante, demasiado humanas. La realidad última que celebran como pura libertad está aún demasiado calcada de nuestras conductas, aunque éstas sean las más nobles que pueda pensarse.

[3] Hipótesis extrema en efecto, que formula O. Hamelin. Cfr. *Essai sur les Éléments principaux de la Représentation*, 2ª edición, París, 1925, p. 496.

Plotino, en un contexto análogo, se aventura también a celebrar el Uno por el equivalente descriptivo que le parece el más bello de los nombres, a saber, «causa de sí», puesto que, más allá de la necesidad y el azar, *«él se hace a sí mismo por él mismo y por nada más»* (VI.8.7.50 s.). Pero, al término de una celebración que ensalza la torpeza de nuestras pobres palabras, el filósofo vuelve sobre sus más nobles pensamientos para pedir perdón como por una ofensa:

> Hay que pedir perdón por estos nombres, si alguien, al hablar, recurre por necesidad a ellos con vistas a una cierta demostración. Nosotros no podemos utilizarlos con todo rigor. Hay que tomarlos anteponiendo a cada uno de ellos un prefijo (un casi o un *como si) (ibid.* 13.46-50).

5. Desearíamos ver en nuestros teólogos, cualesquiera que sean, la misma delicadeza de pensamiento y los mismos sentimientos de arrepentimiento. ¿No sería entonces el «perdónanos nuestras ofensas» la oración del teólogo por excelencia cuando trata del Absoluto conforme al lenguaje más elevado?

El ejemplo tan excepcional de Plotino es, para nosotros, una lección. No me puedo olvidar de él en el caso presente. Porque lo que celebramos en nuestras más suntuosas liturgias verbales se encuentra a una distancia infinita de la Cosa y la causa que nos solicita. Los más bellos dones nuestros imploran la piedad de una misericordia trascendente. No es que a ellos los haya inspirado menos el Inefable que habita en nuestros corazones. Por eso, aunque no puedan captar lo que necesariamente excede, «más allá del ser y la esencia», a toda captación, no dejan por eso de representar una fuerza ascensional por la que damos gracias.

6. Pablo, al seleccionar las más pobres de nuestras apelaciones: locura y debilidad, para expresar su fe crística, comprendió perfectamente la tentación que nos acecha de encerrar todo lo que nos sobrepasa en la gloria de nuestros superlativos. La «nada por excelencia» está más cerca de nosotros cuando la invocamos haciendo uso del vocabulario más austero. En lugar de infligirle dramáticas renuncias difíciles de imaginar, más vale dejarnos invadir, que en definitiva es lo único que nos interesa, por esa *kénosis* que, en la renuncia del ser, nos hace de alguna manera a su «imagen y semejanza».

La práctica de la Cruz

Por lo que toca a nosotros, ¿en qué puede consistir la práctica efectiva de una *kénosis* cristiana?

Es la pregunta más importante que nos debemos hacer. No es casual que la carta constitucional, que inaugura lo que se llama *Nuevo Testamento* o *Nueva Alianza*, no sólo no repita el Decálogo o la Torá, sino que parece extremar una diferencia que a veces se presenta como oposición. Notemos de paso que en Mateo, el evangelista considerado el más adicto a la tradición de Israel, es en el que encontramos la afirmación de novedad reivindicada en los siguientes términos: «*Habéis oído que se dijo… Pues yo os digo*» (Mateo 5, 21-22).

1. *Las Bienaventuranzas*. Así, en plural, *Bienaventuranzas* es el título de la nueva constitución. No lo traducimos por el supuesto equivalente: *felicidad*. La felicidad, en su acepción normal, es también un plural. Su naturaleza viene a ser un conjunto importante de beneficios que gozan de una evidencia bien compartida: fortuna, buena complexión y estabilidad, honores, poder, bienestar, etc. Las bienaventuranzas contrastan con esa evidencia tan generalizada. Las llamamos paradojas, es decir, al margen de toda *doxa*. Y no sin razón. Porque mantienen los mismos indicativos de debilidad y locura de la Cruz. Para comodidad del análisis, reproduzco el texto de Mateo 5, 3-10:

> Dichosos los pobres de corazón, porque el reinado de Dios les pertenece.
> Dichosos los afligidos, porque serán consolados.
> Dichosos los desposeídos, porque heredarán la tierra.

Dichosos los que tienen hambre y sed de justicia, porque se saciarán.
Dichosos los misericordiosos, porque los tratarán con misericordia.
Dichosos los limpios de corazón, porque verán a Dios.
Dichosos los que procuran la paz, porque se llamarán hijos de Dios.
Dichosos los perseguidos por la justicia, porque el reinado de Dios les pertenece.

2. Siempre es delicado justificar una distribución de este género por sutilezas filosóficas. Pero no es traicionar el espíritu de este texto. No es más que proponer, si no una jerarquía de excelencia, sí la verosimilitud, al menos, de un cierto orden; un orden racional que justifica de antemano la repetición de la conjunción *porque (oti)* en cada versículo.

En concreto, si la pobreza de corazón (que une vacío de tener y de ser) es la primera bienaventuranza, este primado no se debe al azar. Yo diría, con toda naturalidad, que es conveniente comenzar por ella, porque evoca muy bien la *kénosis* o vacío de la Cruz. Uno se siente inclinado a añadir que, como primera, está supuesta en las demás bienaventuranzas, como si, inmanente a todas ellas, les comunicara su espíritu. *Espíritu* ha de entenderse como la inspiración que condiciona a todas, porque más allá de una racionalidad no desdeñable testimonian un añadido o exceso típico de los inspirados.

3. La pobreza del ser y el tener libera de la servidumbre de lo cotidiano. Aporta respecto de sí una libertad que hace universalmente disponible. A esta primera libertad se asocia la serena dulzura de los no violentos, cuyo corazón ligero se acopla sin esfuerzo alguno a las dimensiones del mundo; así como esa lírica de los corazones puros que no necesitan más que una palabra, hasta la más trivial, para abrirla como botón de rosa en muestra de reconocimiento a la inmensidad de lo expansivo y el universo.

Los afligidos son consolados por esa amplitud de alma, porque excluye el replegamiento por tristeza y por la falsa evidencia de un mal que agotara en un solo caso las posibilidades humanas de la desgracia.

4. Las bienaventuranzas del segundo grupo reflejan la eficacia expansiva de las primeras. En efecto, el ser ha de aprestarse así para poder irradiar al mundo de los hombres la fuerza victoriosa de una innata generosidad. Se nombra primero a los que tienen hambre y sed de justicia: hambre y sed que ponen de manifiesto el ardor de la propia entrega para que venga lo que la Escritura llama la *justicia*.

La justicia del justo no queda aplacada con el rigor igualitario entre lo debido y lo devuelto, entre la obligación y el cumplimiento, entre la excelencia personal y el rango o la función que le compete por derecho. Ha de sobreabundar y sobrepasar, por consiguiente, los estrictos límites de lo necesario. Por eso, ella, al obedecer una lógica excesiva, resulta ser una gratuidad que ya no sigue el principio de la razón necesaria y suficiente[4].

La bienaventuranza de los misericordiosos también ignora los límites prescritos por lo necesario y lo suficiente. La sed insaciable –o el hambre– es la que moviliza a los artesanos de la paz. Quienes son perseguidos por el solo honor de lo que merece ser soportan el mismo exceso y la misma profunda esperanza. Esta esperanza, como el amor que es inseparable de ella, es aquí y allí más fuerte que la muerte.

Para sintetizar este análisis se puede afirmar que la pobreza, como participación en la *kénosis* de la Cruz, es a la vez la primera bienaventuranza y el fundamento o alma de las otras biena-

[4] Son conocidos los dísticos tan frecuentemente citados de Angelus Silesius sobre «la rosa sin porqué», «que florece porque florece», «que no dirige su atención sobre sí misma», «que no se pregunta si la miramos», etc. Esta rosa que «florece desde siempre en Dios» puede ser la referencia, poética y mística, más apropiada a las bienaventuranzas evangélicas.

venturanzas. Éstas son de alguna manera los modos o fuerzas de ese vacío primordial.

5. *Cuestiones.* La carta constitucional de los tiempos nuevos, por sorprendente que sea, no deja de plantear algunas cuestiones. No sería honesto el olvidarlas o atenuarlas.

En primer lugar, ¿no quedaría en entredicho la impresión de maravillosa gratuidad por la promesa de recompensa que introduce la conjunción *porque* como indiciosa de una razón ajena al puro contenido de la bienaventuranza? ¿Los perseguidos, los pobres, los limpios de corazón, los que buscan la paz son lo que son, o hacen lo que hacen, para ser consolados en otra vida o en otro reino? ¿No está afirmada y justificada la incomodidad que se siente por la declaración del versículo 12: «*Estad contentos y alegres, porque vuestro premio en el cielo es abundante*»? ¿No son las bienaventuranzas, en el fondo, un cálculo de intereses bien entendido, a despecho de su apariencia paradójica?

Pero Dios sabe que se nos recomienda el «*guardarnos de hacer las buenas obras en público*» como los fariseos: el no pregonar nuestra limosna a todos los vientos (Mateo 6, 1-2); el no ayunar u orar para ser vistos (cfr. Mateo 6, 1-2. 7-8. 14). La regla de oro en todos estos casos se nos notifica mediante un imperativo categórico: «que no sepa la mano izquierda lo que hace la derecha» (Mateo 6, 3).

Se puede pensar en una dura crítica a las pretensiones del *ego* cuando el texto añade a continuación: «*Tu Padre, que ve lo escondido, te lo pagará*». La mirada de los hombres no se rehúye sino para mantenerse bajo la mirada del Padre que «*te lo pagará*». Y si eso es así, ¿cómo se puede defender esa hermosa gratuidad que debería ser la divisa del Reino de los cielos?

6. Leyendo estos textos con absoluta fidelidad a su letra y espíritu, dan la impresión de estar penetrados por dos orientaciones de sentido contrario; primero por el olvido de sí, y en segundo lugar por el retorno a lo olvidado. De ahí el titubeo entre el juicio de incoherencia y la explicación sociológica de las corrientes adversas que nuestros textos pueden reflejar.

Es posible que nuestros textos porten la huella de las corrientes eventuales y de signo contrario a las que he aludido. A decir verdad, yo lo ignoro. Pongo en manos de los eruditos el trabajo, si ha lugar, de precisar su contenido. Pero la incoherencia me parece inverosímil. Porque es importante respetar los dos niveles cuya diferencia marcan nuestras citas.

Efectivamente, la mirada de los hombres no cuenta para nada. Pero la atención del Padre a los hijos de su Amor importa muchísimo desde el punto de vista de los Evangelios. El afecto que llama a cada uno por su nombre se preocupa de ellos. Ni un cabello se cae de su cabeza sin su consentimiento. De donde nace el abandono filial en la Providencia: «*Observad cómo crecen los lirios silvestres, sin trabajar ni hilar. Os aseguro que ni Salomón, con todo su fasto, se vistió como uno de ellos. Pues si a la hierba del campo, que hoy crece y mañana la echan al horno, Dios la viste así, ¿no os vestirá mejor a vosotros, desconfiados? En conclusión, no os angustiéis*» (Mateo 6, 25-31).

Por tanto, lo que se condena es el preocuparse de sí, el interés de ser visto por los hombres o también la visión utilitaria de esos despreocupados lirios propuestos como modelo. En este sentido, puede hablarse de una poesía evangélica cuya inspiración dicta el *Cántico de las Criaturas* de Francisco de Asís.

Para concluir diría que el «pago retributivo» que nos escandaliza se debe interpretar desde este eje de poesía cósmica y amor divino. La mirada del Padre nos invita a la perfecta gratuidad. De donde «*si invitas, que no lo hagas para que se te invite*». Pero, ya que nuestro ser no es, ni trabaja, sino en conexión con la mirada divina, es imposible que la mirada contraria de la criatura ignore esa primera mirada siempre puesta al lado nuestro.

Si para el Amor creador nada de lo que hacemos se diluye en el anonimato del fluir cósmico, es inevitable que nuestros actos nos sigan y obtengan su fruto en el reino de los cielos. La recompensa, en última instancia, no es sino el retorno del ser y de la acción a la generosidad primera cuya expresión gloriosa deben ser. En esta perspectiva, el egocentrismo que se estigmatiza no puede sino contradecir su espíritu.

7. *Pues yo os digo*. Otra dificultad viene de las numerosas declaraciones en las que aflora obstinadamente la afirmación por parte de Jesús de un *ego* cada vez con más protagonismo. Habéis oído que se dijo, *«pues yo os digo»* (Mateo 5, 22.27.32), *«y vosotros ¿quién decís que soy yo?»* (Mateo 16, 15), *«os lo aseguro, antes de que existiera Abrahán, existo yo»* (Juan 8, 58), *«el Padre y yo somos uno»* (Juan 10, 30). Las citas se podrían multiplicar.

Tal aluvión de «yo» puede producir malestar en muchos. Y con más razón en un oriental, sea cual sea su adscripción, cuando quiera echar una mirada a los evangelios. Aparece aquí de nuevo la acusación de egocentrismo exagerado.

La reacción oriental u occidental se comprende por los contextos históricos en que se produce. Pero, sin entrar en el detalle de las respectivas posturas, vale la pena recordar una observación genérica.

Los fundadores de religión, tanto en Oriente como en Occidente, tienen una personalidad muy acusada. Por concepciones científicas o filosóficas se puede negar toda consistencia a un pretendido yo o entidad que, en verdad, quedaría limitada al conjunto de sus avatares o a un episodio irrelevante del engranaje universal.

Eso no impide que todo suceda como si Buda, antes de ser ley ascética, fuera palabra diferente de las demás y expresada con autoridad. Además, quiérase o no, la singularidad a la que nos referimos y el mensaje que su nombre entraña presuponen, a despecho de las innumerables mutaciones, un núcleo sólido resistente a la degradación.

Sea cual sea su nombre, se abre paso una instancia invariable sin la cual ya no sería pensable el cambio y sola haría razonable la enseñanza que se propone y la ejemplaridad viviente que la verifica. Si estuviéramos inmersos plenamente en la corriente, no tendríamos que sacar la cabeza y hacer en un espléndido desafío como si lo esencial, es decir, la salvación –o la liberación– fuera no solamente posible sino segura de derecho. A mi juicio, tales son los preámbulos que permiten concebir la misión de todo fundador religioso.

8. Reconocemos sin dificultad que en nuestro Occidente, a despecho de serias dudas sobre el sujeto, la persona o el yo substancial, la iniciativa y los actos en general han sido siempre destacados y no sólo en el nuevo mundo del pragmatismo americano. Sea cual sea el nombre que se le dé, existe ahí un principio de cambio, ajeno a las mutaciones de la naturaleza y que hace que ésta se convierta en historia.

Nos podemos preguntar qué importancia le corresponde a la historia, tal como nosotros la entendemos, en un Oriente que consideramos condenado, sin duda erróneamente, a una aparente inmovilidad apenas modificada por la asunción de nuestras técnicas. Hay que desconfiar de estos juicios precipitados hechos a vista de pájaro.

El lenguaje en primera persona, cuyo relieve en los evangelios nos inquieta, es inseparable de la novedad que se nos anuncia. Aparece el *Yo* cuando un imprevisto amenaza con una fractura el orden establecido. Por eso la emergencia del yo de Jesús no sorprende. No se separa de un anuncio que sobresale en la secuencia de los días. Nada se comprendería en su vida si sólo hubiera sido el repetidor del pasado o el megalómano cuyas etapas de alienación progresiva hubieran sido anunciadas con tiempo por un psiquiatra justa y debidamente.

Pero la conciencia de innovación no se aparta de la historia de un pueblo del que Jesús se siente hijo. Debería, sobre todo, ser dicho por él que la discontinuidad que proclama se armoniza con la continuidad dinámica que pretende cumplir. Por eso su discurso se nutre continuamente de las Escrituras que él lee e interpreta. Si se le llama Maestro, apelativo que no rechaza, es menos para realzar una pretensión que para consolidar con su práctica la consistente tradición que le inspira y cuya pureza original deseaba restaurar.

Esta práctica es una lección que las iglesias cristianas han conservado. Frente a la ruptura sin concesiones que el célebre Marción[5] exigía en nombre de Pablo, se podía temer lo peor. La violencia de las separaciones fue atajada, aunque más tarde la triste historia de las relaciones entre Israel y el cristianismo desmintió la fuerza de ese primer rechazo. No por eso el problema deja de ser muy delicado. ¿Cómo conciliar lo que, no obstante las buenas voluntades, revela una diferencia indeleble y una no menos imprescriptible unidad?

El *Yo* de Cristo, en sus más radicales afirmaciones, testimonia el difícil equilibrio entre los dos postulados adversos que el cristiano debe apropiarse desde siempre. Diciendo *Yo*, y hay que decirlo en verdad, con la modestia de una diferencia consciente de una deuda a perpetuidad, nosotros seguimos confesando, en nuestra frágil existencia, algo irreductible que lleva nuestro nombre y de lo que ella rehúsa abdicar.

La vida según el espíritu

En su solo enunciado, las Bienaventuranzas, como carta magna evangélica, exponen con toda claridad cuál es el espíritu de la Cruz y, en consecuencia, cuál es la norma de vida del cristiano.

1. Esta norma de vida, en realidad la regla de oro, se ha formulado muchas veces, tanto en el Antiguo como en el Nuevo Testamento. Al doctor de la ley que pregunta a Jesús cuál es el mandamiento principal, éste, después de mencionar el antiguo imperativo de la unicidad divina, le formula de nuevo el segun-

[5] «Espíritu ardoroso y hombre muy sabio», a juicio de San Jerónimo, Marción llega a Roma hacia el 140 d.C. En su obra *Antítesis*, cuyo título expresa la intención, contrapone, a la vista de las diferencias marcadas por San Pablo, el Antiguo al Nuevo Testamento y el Dios del Nuevo al Dios del Antiguo.

do mandamiento: Amarás al prójimo como a ti mismo (Marcos 12, 28-34).

¿Es que el amor del prójimo puede abolir el amor primordial, a saber, el de Dios? Nos sospechamos la respuesta: la unicidad divina no se separa de un amor primero y básico que es su verificación práctica en un corazón humano. Dicho esto, el segundo es semejante al primero. Ahora bien, «*estos dos preceptos sustentan la ley entera y los profetas*» (Mateo 22, 40).

Siempre nos sorprende que Pablo, a su vez, mantenga un solo precepto: «*Amarás a tu prójimo como a ti mismo*». Y ¿por qué uno solo? Porque «*la ley entera se cumple con un precepto*» (Gálatas 5, 14). Luego ¿hay que elegir entre el único y la díada? Se entiende el noble interés en Pablo de reducir la desconcertante multiplicidad de los imperativos.

Pero ¿por qué uno solo y no dos? Digamos de paso que lo único siempre atemoriza más a nuestras mentalidades modernas que lo múltiple. ¿Lo que determina entonces la preferencia, desde la perspectiva de Pablo, es un principio de economía o de mínimo esfuerzo? ¿O una tendencia intelectual según la cual «toda pluralidad participa de alguna manera del uno»[6]?

La preferencia «henológica» (o preferencia por lo Uno) de Pablo se ha de entender como es debido. Si lo *único* resume la ley en su plenitud, es a condición de que sea lo bastante comprehensivo como para recapitular la ley. Pablo no podía ignorar a Dios o prescindir de su unicidad. Esto no es, entonces, traicionar su pensamiento sino sobrentender, en el horizonte del segundo mandamiento, la presencia incesante del primero y su inquebrantable solidaridad.

2. Una nueva dificultad se plantea a propósito de la formulación evangélica: amarás *a tu prójimo como a ti mismo*. Ella tiene que ver a la vez con la restricción de cercanía: *tu prójimo*, y con la

[6] Proclo, *Éléments de Théologie*, proposición 1, traducción J. Troullard, París, 1965, p. 61.

clase de amor que se refiere, en último término, al amor de sí mismo. Lo cual nos lleva a cuestionarnos si ese amor no es el principal, el más básico y modelo de cualquier otro.

El prójimo. La sensación de incomodidad se ha de reconocer con toda franqueza. ¿A qué viene ese acento en el próximo, como contexto inmediato, destacado por el indicativo personal del pronombre posesivo? ¿No se encuentra en el origen de la parábola del buen samaritano esa incomodidad vivida en el tiempo de los evangelios? Conviene analizar atentamente ese relato memorable y, sobre todo, resumir lo esencial.

Un doctor de la ley le pregunta a Jesús: ¿Quién es mi prójimo? Él le responde: «*Un hombre bajaba de Jerusalén a Jericó*». Cae en manos de unos ladrones que, después de maltratarlo a golpes, lo dejan medio muerto en el camino. Casualmente pasa por allí un sacerdote, lo ve y enseguida se va al lado opuesto del lugar donde se encuentra el hombre maltrecho. Pasa luego un levita y adopta el mismo comportamiento.

«*Un samaritano que iba de camino lo ve*» y, «*compadecido*», venda sus heridas, lo monta en su cabalgadura, lo lleva a la posada, le entrega al posadero el dinero necesario y le promete complementarlo hasta cubrir lo que fueran a exigir los cuidados más intensos. «*¿Quién de los tres*», pregunta Jesús, «*te parece que se portó como prójimo del que tropezó con los ladrones?*». El doctor de la ley le contesta: «*El que lo trató con misericordia*». «*Y Jesús le dice: Ve y haz tú lo mismo*» (Lucas 10, 29-37).

El encanto del relato no debe encubrir la revolución pacífica que propone. Se trata nada menos que de cambiar la pregunta. Lo interesante no es saber *quién es mi prójimo* sino *de quién soy el prójimo.* De una pregunta a otra existe algo más que un matiz. En realidad, surge una pregunta diferente que es la más decisiva. Porque nosotros ya no tenemos que ver con una exigencia de proximidad. La costumbre y la tradición se bastan para informarnos. Esto es tan evidente que el problema ya no tiene realmente razón de ser.

Ahora bien, si la pregunta se plantea de nuevo en un contexto aún sensible, como sucede en nuestros días en determinados ambientes, entonces sólo hay una forma de responder. El prójimo, en realidad, es ése que se convierte en vuestro próximo cuando vosotros sois el prójimo interesado en él, *«movidos por una misericordia»* que no por eso es la pobre piedad de la que habla Spinoza o la limosna de una condescendiente caridad.

La relación implícita en la primera pregunta forma parte de las relaciones que desde hace tiempo se consideraban *estáticas*, porque la reflexión a la que recurre no hace más que constatar un estado de cosas dado. El ser prójimo de alguien, en cambio, abre una nueva perspectiva con una nueva pregunta. La relación se denomina *dinámica* por fundarse en una acción. Por eso el enunciado de la relación ya no considera un estado de cosas constituido estado de hecho sino un estado por transformar para conseguir una novedad.

El nuevo *prójimo* es la persona que es tal en virtud de la acción transformadora que pone al buen samaritano enteramente al servicio del otro del cual, entonces, se podría decir: mi prójimo no es tanto la persona próxima a mí como cualquier otra persona, entre ellas la que sufre, que esté eventualmente en el otro extremo del mundo.

3. Esto es lo maravilloso de la misericordia, de esa compasión que debería inspirar un trabajo de filosofía con el título, no de una nueva estética trascendental, sino de una profunda y activa herida de la sensibilidad. Porque ayuda a ser a lo que aún no es y al que incluso realizado abre, más allá del caso presente, un horizonte ilimitado hacia el dinamismo de la misericordia.

No hay que pasar por alto un detalle de la parábola. El sacerdote y el levita, representantes de la religión verdadera y oficial, pasan de largo y se apresuran a pasarse al otro lado del camino. Un semi-pagano, un samaritano, en una palabra un hombre de la lejanía, es el que se hace próximo activo del herido. Y éste, a su vez, su prójimo de proximidad por la misericordia del transeúnte que decidió detenerse. ¿Acaso la religión, como tal, es la religión siempre de una proximidad casi carnal?

4. *Como a ti mismo.* ¿El amor propio es el modelo a imitar? La pregunta deja entrever el sentido de la acusación. Confieso sentirme irritado por esa llamada obligada a un egocentrismo que marcaba a hierro a principios de siglo, desde el niño al primitivo «prelógico», como ser inferior de condición infrahumana. Ya hace tiempo que se desconfía de esas críticas tan fáciles. Yo mantengo una prudencia que no va a cada paso lanzando el sustantivo maldito. De tanto escucharlo, uno acabaría por creer que todo hombre, bien o mal nacido, está condenado por esencia a esta desgracia.

¿Quedaría entonces reducida la regla de oro a un cálculo de intereses? ¿Debe traducirse el *«como a ti mismo»* como el supuesto equivalente *«para ti mismo»*? Una interpretación de este género pierde, al menos, estima. En el supuesto de que se hiciera del amor propio el paradigma de cualquier otro amor ¿qué se sigue de ahí?

Poniéndonos en lo peor, es decir, en la hipótesis de que el yo se tome por un absoluto, la regla de oro vendría a decir que hay que tratar al prójimo como algo absoluto. Ahora bien, el absoluto distribuido por igual impide rebajar a la condición de puro medio tanto al segundo como al primero. En la filosofía kantiana podemos encontrar el equivalente de nuestras fórmulas.

5. ¿Hay que ir más lejos para entender mejor la regla de oro? El *«como a ti mismo»*, si se explicita una de sus posibles interpretaciones, trae esta consecuencia: si tú no te amas como es debido, con franca estima de tu ser como ser, no puedes amar de verdad a tu prójimo. Dicho de otro modo, el otro no vale menos que tú, y tú vales tanto como él. Ante la regla de oro, nosotros, tanto yo como tú y tú como yo, somos iguales. Esta igualdad en la estima y el respeto sería el preámbulo de un verdadero amor. En el fondo, el prójimo, como coordenada de la relación, no saca ningún provecho del rechazo o el odio a sí mismo.

No ignoro hasta qué punto estas palabras pueden extrañar a un oriental y, en especial, a un budista. Más vale dejar la inevitable confrontación para cuando abordemos otro capítulo. Pero teniendo en cuenta que este enfrentamiento confesional no tolera ni la blandura de las afirmaciones, ni el tratamiento diplomático de los compromisos.

6. *La vida según* el espíritu. De la *kénosis* de la Cruz a la *kénosis* de la pobreza que inspiran las bienaventuranzas, de las bienaventuranzas a la regla de oro, y de la regla de oro a la vida según el espíritu, se perfila, por la lógica de sus relaciones, un primer esbozo de la vida cristiana entendida como vida en Cristo.

¿Cómo entender el lenguaje del *espíritu* cada vez más expansivo en los evangelios y en las cartas de San Pablo? Y, primeramente, ¿qué significa ese término en las múltiples acepciones? Suponemos que no hay que evocar aquí ni el espíritu francés del s. XVIII, ni el uso filosófico de la palabra *Geist* en el idealismo alemán.

Una de las primeras condiciones, en la entrevista de Jesús con Nicodemo, sugiere una instancia misteriosa unida al tema del «*nuevo nacimiento*», no según la carne, sino «*según el agua y el Espíritu*». Y lo que se dice de él, unos versículos más adelante, aumenta su misterio: «*No te extrañes si te he dicho que hay que nacer de nuevo. El viento sopla hacia donde quiere: oyes su rumor, pero no sabes de dónde viene ni adónde va*» (Juan 3, 7-8).

Es clara la referencia al *ruah* bíblico que en los profetas, en especial, significa el soplo de lo alto que se apodera de la persona inspirada. Desposeída de sí, es habilitada por ese desposeimiento para comunicar intacta la palabra que viene del cielo. Con menos precisión, el viento (*pneuma*) en cuestión está dotado de una libertad incondicional. Sopla donde quiere. En virtud de su indeterminación soberana, «no se sabe de dónde viene ni adónde va». Su origen y su meta son enigmáticos. Quien recibe su impacto o brisa queda impactado. Pero esa brisa tiene voz. Y esa voz se aproxima a una cifra.

Antes de intentar su decodificación, su roce sólo se aprecia por la sacudida interna que le acompaña. No hay que extrañarse de que sea así. Porque la actitud fundamental que supone una conducta evangélica no es sino una disponibilidad incondicional en estricta correspondencia con la pobreza de corazón de la primera bienaventuranza. No por eso nos apresuremos a identificarla con una perezosa pasividad.

El verbo *sufrir* tiene muchos significados: sufrimiento alterador que os disminuye, simple potencialidad susceptible de lo negativo y lo positivo, y por último, apertura a una eventualidad transfiguradora. Este último significado es el más importante. Un rápido análisis nos descubriría primeramente la equivalencia a una sensibilidad poética en el orden espiritual.

No pensamos que todo cristiano ha de ser un poeta. Pero del poeta podemos retener los siguientes rasgos: cierta libertad insumisa a cualquier tipo de hecho, atención virtual a cuanto puede sorprender del mundo externo o interno, rechazo de una armonía racional entre existencia e importancia, sensibilidad a lo inédito en el lenguaje y las cosas, y por último, una pequeña porción de desatención a sí que no ha de tenerse por un desinterés absoluto. El espíritu infantil según el Evangelio no es ajeno a esta lírica inmanente a los gestos del niño y al florecer de los lirios del campo.

7. El espíritu, sin alejarse de la inspiración, muestra en nuestros textos cada vez más el giro personal de su ser y actuar. La intolerancia, que nos parece normal en la indeterminación, explica indudablemente esta evolución. La inspiración, cuando nos roza, tiene que asumir de nosotros la forma de imagen y palabra. Pero el viento, del que se ignora de dónde viene y adónde va, no requiere de suyo una individualidad bien definida; ni tampoco la imagen de una «efusión» de agua pura. Por medio del don el espíritu accede a la personalidad.

En efecto, la donación con dificultad se desvincula de un rostro y de una mano. El don siempre evoca al donante. De la misma manera, los múltiples efectos que se le atribuyen al Espíritu presuponen un agente. No hay acción sin ese soporte, al menos, si se tiene miedo de «cosificar» el actuar en una abstracción.

Las precisiones joaneas relativas al Paráclito, consolador y abogado, culminan el proceso de individuación. Nos enseñan que está con los discípulos y dentro de ellos para conducirlos a la plenitud de la verdad (Juan 14-16). Y además, en cuanto distinto de Jesús, procede del Padre y es enviado por el Hijo (Juan 15, 26).

Las dos tradiciones, una que acentúa el anonimato de lo impersonal y la otra la singularidad del individuo, se cruzan más tarde en la reflexión teológica. Los teólogos latinos, sobre todo ellos, tuvieron serias dificultades para situar en su órbita dogmática a la tercera persona de la Trinidad. Pero ya las cartas de Pablo hacen referencia a esa doble línea exegética.

Por una parte, *«el Espíritu del que resucitó a Jesús»* y que *«habita en vosotros»* (Romanos 8, 11) es también *«el que sondea los corazones»* y *«socorre nuestra debilidad»* al *«interceder por nosotros con gemidos inarticulados»* (8, 26-27). Y, por la otra, es menos persona que un principio de animación que nos hace hijos de Dios (Romanos 8, 14). Se identifica con una ley de libertad: *«No habéis recibido un espíritu de esclavos, para recaer en el temor, sino un espíritu de hijos que nos permite clamar: ¡Abba! ¡Padre!»* (8, 15).

De esta ley de libertad, sobre la que volveremos, y de este espíritu de filiación, provienen esos frutos que Pablo enumera satisfactoriamente: *«El fruto del Espíritu es amor, gozo, paz, paciencia, amabilidad, bondad, fidelidad, modestia, dominio propio. Contra eso no hay ley que valga»*. Si estos frutos nos interesan más que la participación en funciones y carismas obtenida por el Espíritu en la Iglesia, *«cuerpo de Cristo»* (cfr. 1 Corintios 12, 1-30), se debe a que el mismo Pablo nos pide *«aspirar a lo más valioso»* (v. 31). Esos frutos enumerados más arriba comunican a lo profundo del ser una serie de disposiciones que constituyen lo que puede denominarse el «reinado del espíritu».

Un breve análisis nos permite distinguir tres grupos. De ellos conviene precisar que, si son distintos, es para confirmar su solidaridad. El primer grupo: *amabilidad, caridad, gozo*, pone de manifiesto la paz del alma que se olvida de sí, la bonanza de las aguas pasada la tempestad y la serenidad que se alza a un cielo limpio de nubes. Es lo que el Maestro Eckhart llama *Gelassenheit*, para describir en términos de abandono ese perfecto desasimiento de sí.

El segundo grupo se abre a una humanidad que se ha hecho tan cercana a todos que deja de estar fuera de ellos: *la confianza en los demás*, proemio de una *bondad* expansiva, acaba dinámicamente en la *servicialidad*. Y queda por nombrar esa *dulzura* soberana, tanto respecto de sí como de los demás, que culmina, después de una difícil conquista, en el perfecto *dominio* de sí.

No es posible meditar demasiado este ternario olvidado hoy por los teólogos. Expresa muy bien el espíritu de la Cruz y las bienaventuranzas. Pablo, a su vez, lo asocia a la caridad como vínculo de una pluralidad. A este nivel, los frutos y los carismas resplandecen en la exultación de un himno que parece ser su extática conclusión (cfr. 1 Corintios 13, 1-13).

La ley y la fe

No podemos definir la originalidad de la Cruz sin abordar la difícil cuestión, tan ofensiva para Israel, de la oposición entre ley y fe. Pablo insiste en ella, torpemente y con alguna oscuridad, en los capítulos más conocidos de su carta a los Romanos (1, 18 s.; 2-7). Intento resumirlos con miedo a simplificarlos.

1. A riesgo de sorprender, parto de un paralelo y pido perdón a los filósofos por ello. Sabemos que la fenomenología contemporánea ha intentado, desde la perspectiva de una radicalidad cuyo sueño persigue, suplir el orden discursivo del juicio –«el ser predicativo» como se dice– por la decisión de un paso atrás que recuperara lo inmediato de un dato inaugural, del orden de la percepción o de la existencia.

De la misma manera, Pablo da un paso atrás alejándose de la ley-mandato, es decir, de la *Torá* promulgada por Moisés, de cuyo esplendor y vicisitudes hablan los cinco libros del Pentateuco. Intenta, por un camino análogo, alcanzar una radicalidad anterior a la *Torá*, es decir, un pre-legislativo o pre-nómico, que es la fe, cuyo paradigma-héroe no es Moisés, sino Abrahán. Esta analogía, que no es ficción, me guía en la exposición.

2. La visión pesimista de un mundo marcado indefectiblemente por un enigmático pecado reinante sobre paganos y judíos parece ser el preludio obligado del problema de la fe (Romanos 1, 18–2, 10). La maldición se extiende a toda la humanidad por el poder de un mal original cuyos herederos somos todos (5, 12-21).

Pablo no está exento de la miseria común. La vive tan hondamente que, agobiado por el peso, no puede dejar de lamentarse de una insuperable incapacidad: «*Lo que realizo no lo entiendo, pues no ejecuto lo que quiero, sino que hago lo que detesto. Pero si hago lo que no quiero... no soy yo quien lo ejecuta, sino el Pecado que habita en mí... ¡Desgraciado de mí! ¿Quién me librará de esta condición mortal?*» (Romanos 7, 15-24).

El divorcio y la lucha entre dos *casi principios* que tiran de él en sentido contrario le ocasionan una tentación de maniqueísmo. Porque lo más activo, bajo la vida consciente, en esta especie de desgarro que le atormenta, es el impacto de una tendencia subyacente a la voluntad y más poderosa que ella. En el paralelogramo de las fuerzas, la resultante está siempre al lado de la fuerza mayor, es decir, al lado malo. ¿Cómo invertir este predominio?

Tengamos en cuenta, al respecto, que el lenguaje de los poderes es familiar al apóstol. Ya se trate del pecado o la muerte o de la misma ley, a él le gusta verlos no como unas situaciones de simple privación, sino como unos dinamismos inconscientes que graban en sus miembros una ley más impositiva que los demás imperativos e intentos. Esta imagen polémica aparece más tarde y con la misma intensidad en el lenguaje filosófico alemán antes de formar parte del mundo psicoanalítico. Un giro de pensamiento que el apóstol debía sin duda a la tentación maniquea que se le había pasado por la cabeza y que él mismo verificaba en sí y en su vida cotidiana.

3. La experiencia dramática de una rotura-división interna que hacía a la ley tan ineficaz en sus mandatos como a su buena voluntad para practicarlos, creaba una situación difícil e insoluble por medios humanos. Se imponía el recurso a una fuerza que no fuera de este mundo. Una fuerza sustraída a nuestro dominio y que no pudieran doblegar ni una práctica mágica, ni derecho alguno sobre ella por mérito personal. Únicamente la debilidad de la fe, en su inmensa y gratuita generosidad, podría sometérnosla.

A este respecto, el ejemplo memorable de Abrahán nos sirve de lección y guía. Y nos lo confirma la Escritura: «*Fiándose contra toda esperanza*», «*Abrahán creyó al Señor y se le apuntó en su haber*» (Génesis 15, 6; Romanos 4, 18s). Así llegó a ser padre de una multitud de pueblos. La fe más antigua, más profunda y universal que la ley mosaica es también la más necesaria y fundamental. Al estar más cerca de la Cruz y las bienaventuranzas, tiene la insuperable ventaja, por su aparente pobreza, de estar al alcance de todos, con la única condición de que se olviden de sí y de que ella no sea, respecto del Altísimo, más que el indicativo de un puro impulso.

4. El Dios de la Biblia, por tanto, no se limita a la Torá. Luego, la vuelta a lo más original no solamente es posible sino indispensable. Es lo que Pablo pudo aprender de la Biblia. Judío, nacido de padres judíos, en un mundo cultural estoico y políticamente romano, «el apóstol de las naciones», como él mismo se define, no se olvida, sin embargo, de los paganos y de sus posibilidades de apertura a la luz. «*Pues lo que se puede conocer de Dios les está manifiesto, ya que Dios se ha manifestado. Desde la creación del mundo, su condición invisible, su poder y divinidad eternos, se hacen asequibles a la razón por las criaturas*» (Romanos 1, 19-20).

Sea cual sea la exégesis que se siga de este difícil y controvertido texto, se concluye que al menos la inteligencia puede elevarse a Dios, salvadas ciertas circunstancias que no se expresan. Deberíamos entonces preguntarnos si no suple la inteligencia a la fe en el caso de los paganos o si no necesita la fe de unos conocimientos previos para su despegue.

Pablo no responde a nuestras preguntas. Defiende para la fe una primacía irrenunciable. Pero el problema vuelve a plantearse: ¿es que no se da en toda elevación a Dios una razón convincente, un momento previo de fe, es decir, un impulso original sembrado por Dios en toda alma y anterior a toda reflexión, que la orienta a su Origen? Lejos de ser un aditivo que calificaríamos de sobrenatural, la fe así entendida, como la intimidad del alma, no es ajena a la fe de Abrahán.

Aunque ella, conforme al esquema paulino, es el resultado del apoyo en lo visible para ascender a lo invisible, el principio racional que la ayuda en su ascensión no *demuestra* o no explicita discursivamente sino que *muestra*. Y lo que muestra en ese momento es la intuitiva imposibilidad de que lo relativo pueda existir en su finitud, aunque sólo fuese un instante, sin *estar-en y ser por* lo infinito del Absoluto[7]. En este sentido, la *demostración* no sería más que la toma de conciencia de una previa *mostración* de la relación esencial y connatural que vincula la criatura a su principio.

Ahora bien, la relación de Dios con lo que existe en él y por él no puede ser el exacto reverso de la primera relación. En este sentido, en Pablo se da una acentuada conciencia de la gratuidad que ninguna razón puede constreñir. La afirmación de la gracia

[7] La fe así entendida tiene, a mi juicio, su análogo oriental, como lo da a entender el comentario de Shankara a los capítulos 2, 12 y 13 de la *Bhagavad Gita*. (Cfr. la antología *Nirvana*, Cahier de L'Herne, París, 1993, p. 19-39). Me contento con una sugerencia que merecería un amplio desarrollo. El discurso, en su calidad demostrativa, no es, también en eso, sino la manifestación de una relación ontológica fundamental cuya primera expresión es la fe.

es inseparable de la fe. En ciertos momentos, como se aprecia en Pablo, ella irrumpe en homenaje celebrativo para alabanza gloriosa de una insondable sabiduría (cfr. Efesios 1, 1-7; Romanos 11, 33s), indicio de una vinculación esencial de la fe con la gracia y de la lírica de una acción de gracias.

5. ¿Qué viene a ser la ley en el contexto que acabamos de precisar? Pablo se expresa ampliamente, según parece, dividido entre lo positivo y lo negativo, cuya buena composición facilitan su fe y experiencia. En algunos textos, la descripción es tan oscura que el juicio final tiene alguna dificultad para restaurar el equilibrio. En resumen, el balance se puede presentar en unas proposiciones que ofrecen en síntesis una doctrina bastante compleja.

– La ley, sin duda alguna, es de origen divino. La existencia y vocación de Israel no tienen otro fundamento. Pablo no puede negarlo sin renegar de sí mismo. La ley, pues, no es el pecado. Sería blasfemo el afirmarlo (Romanos 7, 7).
– *«Sólo que el pecado lo llegué a conocer únicamente por la ley»*. Y, de hecho, *«no sabría de codicia si la ley no dijera: No codiciarás»*.
– *«Luego el pecado»*, como fuerza o impulso inmanente a todo hombre, *«aprovechándose del precepto, provocó en mí toda clase de codicias»*. Las consecuencias, en este texto gráfico y dramático, son las siguientes: si hay ley, se activa el pecado como fuerza de desviación. Esta activación no implica una causalidad directa. La ley es sólo su ocasión. Y la ocasión requiere, para ser efectiva, la mediación de un precepto específico. Además, en virtud del vínculo entre pecado y muerte (del alma), conviene añadir, siempre con prudencia para no incurrir en blasfemia, que la ley precisada por el precepto es también ocasión de muerte.
– El hombre entero, comprendidos alma y cuerpo, es el teatro o escenario de una lucha primitiva que enfrenta a la

ley y a su precepto, a la fuerza del pecado y a la muerte, según una relación que no es de estricta causalidad.

- Sólo el recurso a una fuerza ajena a los agentes del drama puede remediar una situación tan conflictiva. Esta fuerza que connota la *gracia* significando su gratuidad tiene por correlativo una fe que, sin pretender un derecho cualquiera a título de obras o de méritos, espera todo de su generosidad.
- La fe y la ley representan así a dos regímenes y a dos actitudes que no pueden lógicamente coexistir en paridad. La primera se apoya en el ejemplo de Abrahán y la segunda en la autoridad de Moisés, el legislador.
- Esta oposición entraña algunas consecuencias que modifican considerablemente la comprensión de una historia de salvación, es decir, la de la Alianza entre Dios y su pueblo.
- La ley corresponde a un período histórico, así como a una determinada edad de la humanidad. Pablo se explica sin ambages en la carta a los Gálatas: «*Antes de que llegara la fe, éramos prisioneros, custodiados por la ley*». Ésta «*era nuestro ayo hasta que viniera Cristo*». «*Pero al llegar la fe, ya no dependemos del ayo*» (Gálatas 3, 23-25). Dicho de otra manera, hemos abandonado la condición de menores de edad.
- Alcanzada la adultez, hemos dejado ya de ser esclavos de la ley. Por cierto, y una vez más, la ley es santa. Pero tuvo su tiempo. Los hombres de la fe y de la filiación en Cristo tienen ante sí un mundo nuevo cuyo signo es la amplitud de las fronteras. «*Habiendo sido revestidos de Cristo*», ya no estamos sometidos al signo regional de la circuncisión. «*En Cristo*», en su Cruz, de la que Pablo se gloría por estar configurado a ella (Gálatas 6, 14), «*ya no se distinguen judío y griego, esclavo y libre, hombre y mujer*» (3, 28-29).
- A la extensión del mensaje le corresponde una nueva comprensión cualitativa que es de naturaleza de la fe. A la con-

dición universal de la fe el nombre de Abrahán le hace eco como necesidad de un tránsito y de un paso hacia atrás.

- En fin, esta extensión y comprensión nuevas abren una era de libertad (Gálatas 5, 1s) que no admite retroceso. Pero libertad no es libertinaje. La ley queda en sordina pero bajo la tutela del principal mandamiento de la caridad (5, 13s). El nuevo mundo parece cantar y exultar en Pablo y en su derredor. No obstante, para él no todo está claro en el azul del cielo. Una sombra le acosa que ya no le abandonará.

San Pablo y el destino de Israel

1. Para ponderar su impacto, lo más sencillo es dejarle la palabra en los versículos donde su tormento estalla:

> Os voy a hablar sinceramente, como cristiano, sin mentir; y el Espíritu Santo confirma el testimonio de mi conciencia. Siento una pena muy grande, un dolor incesante en el alma: yo por mis hermanos, los de mi linaje, querría estar excluido de la compañía del Mesías. Son israelitas, adoptados como hijos de Dios, tienen su presencia, las alianzas, el culto, las promesas, los patriarcas; de su linaje carnal desciende el Mesías. Sea por siempre bendito el Dios que está sobre todo. Amén. (Romanos 9, 1-5).

Esta confesión es tanto más sorprendente cuanto nada en el contexto inmediato la dejaba entrever. Resalta más porque responde a una certeza gozosa:

> Estoy persuadido de que ni muerte ni vida, ni ángeles ni potestades, ni presente ni futuro, ni poderes ni altura ni hondura, ni criatura alguna nos podrá separar del amor de Dios manifestado en Cristo Jesús Señor nuestro (Romanos 8, 38-39).

La cercanía de estos dos textos acentúa la intensidad del drama, como si la opción de los inconciliables hubiera aparecido súbitamente, de improviso, como el rayo en un cielo sereno. El desgarramiento no es ficción: para Pablo se trata, cualquiera que sea la opción, de una imposible disección. Por un lado, está el amor de Cristo, del cual nada hay que lo pueda separar; por el otro, el amor de ese pueblo de Israel, de su raza como él dice, con toda la emotividad que le provoca esa palabra y que le acusa de traición. ¿No debía haber levantado ya, en esta hora del importante examen, una mano parricida contra ese pasado familiar?

2. Tal es, en verdad, el problema. ¿Cómo resolverlo? Es que hay que resolverlo, aunque la solución impida la serenidad definitiva; aunque el equilibrio en la cuerda floja tendida no se pueda recuperar a la perfección. Asistimos, por de pronto, a la apertura de un proceso análogo al provocado por la ley.

La ley, en su origen, es divina; y la alianza con Israel también lo es, porque *«los dones y la llamada de Dios son irrevocables»* (Romanos 11, 29) y sin vuelta atrás. Israel está ahí para siempre. ¿Cómo se puede creer, entonces, que sólo ha podido ser lugar de paso, una etapa ya concluida, cuando se piensa en que Cristo, de un amor tan verdad, es judío nacido de judíos y adoró, como sus padres, en el templo del Eterno, en la tierra bendita de Dios?

3. Luego Israel no puede morir. Y entonces –y es la cuadratura del círculo–, ¿cómo conciliar los inconciliables? Antes de esbozar una respuesta que no sea demasiado mala, conviene sopesar las consecuencias que dejan entrever los textos doctrinales que en su rigor hemos comentado.

Un modo de conciliación conocido ya de los griegos, pero que se presta a una nueva utilización gracias al método llamado alegórico, hace posible la interpretación de los grandes relatos de la historia bíblica en términos de anticipación como figuras de Jesucristo y de la nueva alianza (cfr. Gálatas 4, 21-31). La historia entendida así se convierte en una profecía anunciada no solamente con palabras, sino también con hechos, como si el dicho se identificara con el hecho. De donde la posibilidad de una conexión que ligue, prácticamente, los hechos del pasado y los del nuevo orden término a término.

Esta proyección retrospectiva, conocida en las exposiciones que hacen los evangelios y los Hechos de los Apóstoles, ofrece una doble ventaja. Por una parte, previene una ruptura ineludible y permite concebir ya la fe cristiana no como una especie de acontecimiento sin causa ni razón, sino como un hecho extensamente preparado a lo largo de una historia de la que es culmen.

Por otra parte, la concepción alegórica se interesa en la originalidad del presente crístico. Una vez más, se trata de anticipaciones y figuras, diríamos, prácticamente, de sombras. Pero la realidad supera en mucho a las imágenes que la anuncian. Y, además, la máxima que en términos lapidarios expresa la relación entre «ambos Testamentos» reza justamente que «el Antiguo se aclara en el Nuevo y el Nuevo late en el Antiguo» (*vetus in novo patet, novum in vetere latet*).

La alegoría mata dos pájaros de un tiro. Pone en claro, una con la otra, las dos historias que interpreta. Muestra la continuidad del presente sin desmentir su discontinuidad. Todo discurre, al parecer, en la dulzura de la armonía. A decir verdad, mirando de cerca, el reparto de los papeles no es de lo más justo.

En esta visión de las cosas, que viene en llamarse «teología de la historia», Israel no resulta perdedor. Ciertamente, perdura como testigo, pero como un testigo impotente de una divina economía que lo coloca en un pasado ya acabado. Si los dones de Dios no conocen el «arrepentimiento», convendría, por eso, reconocer que su sabiduría es incomprensible. A menos que se considere una astucia que enmascara una desaparición objetiva en un aparente mantenimiento.

Si releemos los textos paulinos más radicales, como los de la carta a los Gálatas, Israel, exactamente igual que la Ley que funda su Alianza, no es más que una etapa superada en un devenir providencial que culmina con su exclusión.

4. Pero todo cambia si se trata solamente de una simple inflexión de la antigua y eterna Alianza, en vez de una nueva Alianza. Un *cambio* de modalidad hubiese evitado el riesgo de una *alteridad* ruptural. Toda sociedad conoce estos giros, que, puede pensarse, no cuestionan su identidad. Nada se opone a la hipótesis de que el cristianismo no haya sido sino uno de esos giros. Un giro, por lo demás, que tiene sus apoyos en el Antiguo Testamento.

Tomemos un ejemplo. Pablo deja dicho una vez más (cfr. Romanos 13, 8-10) que *«quien ama cumple con la ley»*, *«porque todos los demás preceptos se resumen en éste: Amarás al prójimo como a ti mismo»*. Y en el Levítico (19, 18) podemos leer la misma fórmula. Otro ejemplo: el universalismo cristiano. ¿No es el Dios único en su inefabilidad, más allá de todo nombre sectorial de cielo o tierra, el Dios de todos y de cada uno de nosotros?

El mismo Pablo, en algunos momentos de su reflexión, es consciente de que, «no siendo los dones de Dios materia de arrepentimiento», Israel no puede desaparecer. *«Pregunto: ¿ha rechazado Dios a su pueblo? ¡De ningún modo!* [el griego *me genoito* lo expresa más enérgicamente: ¡ojalá no acontezca!] *¿Acaso no soy yo israelita, del linaje de Abrahán, de la tribu de Benjamín?»*. Dios no se desdice respecto del pueblo que anticipadamente había separado y predestinado (cfr. Romanos 11, 1-3). Y añade:

> Si la primicia está consagrada, lo está la pasta; si la raíz es santa, lo son las ramas. Si algunas ramas han sido desgajadas, y tú, rama de acebuche, has sido injertada en su lugar y has participado de la raíz y la savia del olivo, no te consideres superior a las otras ramas (11, 16).

La comparación entre el pagano convertido al cristianismo y la rama de acebuche injertada en el olivo es aquí capital. No se trata, por tanto, de una *alteridad* separadora sino de algo *diferente* que confirma la permanencia sustancial del olivo. Nos sentimos tentados a afirmar que todo movimiento espiritual conserva su misma esencia, la fuerza integradora de sus diversas transformaciones.

5. La cuestión previsible, entonces, es la siguiente: entre la hipótesis de la pura y simple supresión sugerida por la carta y la del injerto expuesta en la carta a los Romanos ¿cuál de las dos habría que escoger?

Parece que la historia, con el gravamen de sus condicionamientos, ha dispensado a los responsables de una elección deliberada. Más exactamente, la elección según la carta a los Gálatas estaba, por así decir, prácticamente decidida en la concepción paulina de la Iglesia. En efecto, Pablo la define como el *«mismo cuerpo de Cristo»*. La concibe según el modelo, entonces conocido, de un organismo estructurado tanto en sus miembros como en sus funciones (1 Corintios 12, 12-27). Desde entonces, desaparece la cuestión de un mismo árbol en el que se injerte la rama de acebuche. La autonomía de la Iglesia-cuerpo de Cristo sustituye a la Sinagoga y a la Antigua Alianza. Estamos en adelante ante dos entidades autosuficientes tan hostiles como separadas.

Así como una determinada historia no ha sido sino la ratificación indefinidamente reiterada de una primera opción, no es difícil prever, anticipando la experiencia, lo que podía suceder. Ya no hablamos de lo que no tuvo lugar, sino de lo que en realidad sucedió. Y lo que sucedió se inscribe en la lógica de una teología. En pocas palabras podemos sintetizar las implicaciones de esa lógica.

- Israel, despojado de su dignidad, reducido a la condición de una etapa concluida, válida a lo sumo para unas minorías si aún las hay, ya no merece subsistir. Su misión ha terminado.
- Al no merecer ya subsistir, ningún deber-ser entraña, entonces, su necesidad y su posibilidad real de ser. Israel sólo puede ir tirando como un errante que, a diferencia del caso de Caín (cfr. Génesis 4, 14-16), no lleva en la frente la marca del veto de exterminio impuesto a todo aquél que lo encontrara.
- O, ¡pobre consuelo!, el errante sólo se estabiliza en la angostura del gueto. Siempre se verá, con prórroga de condena, tachado a hierro y fuego de traidor y deicida.

- Pero la fuerza de una legislación que previene toda posible contaminación por contacto no tiene por qué condenar la última conclusión que justifica, en última instancia, la tesis teológica: puesto que el proscrito ha de desaparecer de todas formas, qué más da si se les concede a los fieles el permiso tácito, si no el derecho, de las matanzas periódicas que en Europa deshonraron el nombre del «pueblo cristiano» casi por todas partes. Las escasas protestas de las que algunos relatos hablan no han cambiado el curso de las cosas.
- Cuando maduraron los tiempos, se dieron bastantes locuras acumuladas por los siglos para que sucediera luego lo inaudito.
- Sabemos lo que aconteció. Lo menos que podemos decir es que una cierta teología paulina no fue ajena a las humaredas de Auschwitz.

6. Hoy, al final de los decenios que siguieron al desastre, ¿se puede volver a esa teología? Algunas personas de buena voluntad han iniciado, no sin vacilaciones, el diálogo. La teología cristiana de las religiones ha hecho posible una liberalización tímida de la opinión. En el momento en que estamos, es posible la esperanza de un horizonte cada vez más amplio. Ahora bien, la tortura de Pablo en la carta a los Romanos debe ser desde ahora la tortura de todo cristiano. ¿No estamos perpetuando la condena de Israel por el simple hecho de pertenecer a la Iglesia? ¿Ha perdido su vigor la lógica de la elección inicial que los justificaba, aunque desaprobemos ahora los dramas del pasado? Son preguntas que no tengo derecho a dejar de formularme.

Ahora bien, más allá del debate particular entre el cristiano y el judío, y de la pregunta sobre qué relación existe entre el Jesús de Mateo y el Cristo de San Pablo, otra cuestión de gran alcance acusa hoy a los diferentes monoteísmos y a su pretensión de una absoluta excelencia, incluso del mismo concepto de unicidad. Por eso no se olvida Auschwitz. Pero cada vez más se deja sentir la necesidad de pensar fuera de nuestras fronteras tradicionales. El futuro próximo nos aventura la apertura de problemas que hasta ahora no sospechábamos.

Somos pueblos viejos. Las diferencias que una determinada historia ha creado están lejos de desaparecer. Toda apologética de lucha y justificación y todo intento de reducción inducido por la amargura corren el riesgo de disminuir el respeto debido a la alteridad del otro en cuanto tal. Siempre es de temer que el absoluto que reclaman las religiones se convierta, tácita pero activamente, en el dios de las guerras de religión.

Para este recelo no existe otro remedio, por parte de los cristianos, que la debilidad de la Cruz y la fe. Desde esta oscuridad sobre nuestros destinos respectivos, se barrunta un futuro cuyo precio tenemos que pagar. Entre tanto, que cada uno sea lo que debe ser: mejor de lo que ahora es y de lo que fue antes.

7. Esto quiere decir que nuestras diferencias, cuando se han fijado en una conciencia clara de identidad, se han de interpretar de manera que lleguen, si es posible, a ser beneficiosas para todos. En este sentido, el amor, en su proximidad dinámica, no solamente es un principio de tolerancia que realmente sería demasiado poco, sino motivo de gratitud hacia ese «diverso» múltiple que, por suerte, no podemos integrar sin matarlo.

No es inútil hacer una última observación a propósito de esa diferencia que históricamente ha justificado con frecuencia horrores. Cierto, podemos lamentar que el *otro modo* de proceder se haya convertido con frecuencia en *alteridad* mortífera. Ahora bien, sabemos que un leve desvío en origen es susceptible de imponderables consecuencias[8]. Entre el Cristo crucificado y el Siervo doliente de Isaías que inspira la exégesis cristiana de la pasión, ¡cuántas semejanzas! Y, sin embargo, una mínima desviación se ha convertido, con Pablo, en la afirmación fundamental del «Yo creo» cristiano.

[8] Un solo ejemplo: entre el genoma humano y el del chimpancé la distancia es mínima. Las consecuencias no por eso son menos considerables.

2

Fe y religión

La diferencia sugerida en el título se compadece con las reflexiones anteriores relativas al problema paulino de la ley y la fe. Confesémoslo de entrada, no se ve bien cómo la fe cristiana pueda existir sin religión o enfrentada a ella. Si contraponemos la oposición paulina fe-ley y el par fe-religión, al parecer se llega a la extraña conclusión de que el cristianismo, no siendo religión, resulta ser en origen, por el rechazo de toda ley, como una variante *sui generis* de lo que se ha convenido en llamar anarquismo.

Algunos, por encima de esas distinciones e inducidos por una necesidad de claridad, se preguntan, ante todo, qué se ha de entender, en el presente contexto, por el sustantivo *religión*. Las explicaciones sobre el particular corren el riesgo de perderse en el infinito. De ahí la necesidad de contener la exuberancia de la semántica. En efecto, en nuestro contexto, según el modelo de la religión de Israel, de donde han surgido los monoteísmos cristiano e islámico, podemos contestarnos con algunas observaciones.

Cuando hablamos de religión, siempre pensamos en un monoteísmo cimentado en una palabra original que es palabra de revelación. Esta palabra origina una comunidad de fieles comprometida con una liturgia sacrificial y con una serie de prescripciones o prácticas de las que a veces depende la vida diaria, hasta en el detalle de la alimentación. Ahora bien, cada uno de estos monoteísmos mantiene su propia fisonomía y mide su originalidad por la importancia de sus diferencias. Estas escasas consideraciones bastan para minimizar las posibilidades de error en el tema en cuestión.

Historia sumaria de una diferencia

1. Como hemos dicho, la distinción fe-religión nos devuelve, en primer lugar, a los textos paulinos ya comentados. Ahora bien, la Reforma llamada protestante, y antes Lutero, es la que elevó la susodicha distinción a la categoría de teología consciente y estructurada. La Reforma no se comprende más que por el vigor polémico de una intrépida fe.

Esta intrepidez toma cuerpo en la crítica al catolicismo, tal como aparecía éste al alba de los tiempos modernos; y esto, a pesar del interés periódico por el cambio simbolizado entonces por la Contrarreforma inaugurada en el concilio de Trento.

No hay duda de que la oposición se centra en aspectos doctrinales más que en unas determinadas prácticas consideradas paganas, como pueden ser el culto a las imágenes o a los santos. Del alcance de su crítica se percata uno mejor atendiendo a las expresiones latinas que ponen, diríamos, de manifiesto una irreductible diferencia: *theologia crucis*, por un lado, y *theologia gloriae*, por el otro.

Teología de la cruz, teología de la gloria. No se podían visualizar mejor la irreductibilidad de la diferencia y el principal motivo de una despiadada oposición. Pero ¿cómo se enfrentan estas dos teologías, o más simplemente, estas dos tendencias tan contrastadas del pensamiento cristiano?

2. La teología de la Cruz volvía a las fuentes. Cual bandera agitada por el viento del Espíritu restituía la fuerza al «Verbo de la Cruz» de otro tiempo. Lutero, lo mismo que Pablo, podía exclamar: *«Lo que es a mí, Dios me libre de gloriarme, si no es de la cruz de nuestro Señor Jesucristo»* (Gálatas 6, 14). Pero la Cruz gloriosa que él invocaba no justificaba, en el sentido estricto de la palabra, una teología de la gloria. Luego ¿qué es una teología de la gloria?

La respuesta apenas se hace esperar. La teología de la gloria en contexto cristiano, si la definimos desde un punto de vista negativo, es el olvido de la Cruz de Cristo, de su debilidad y de su locura. Este olvido fundamental condiciona sus principales líneas. Entre éstas, y por limitarnos a lo esencial, hay que destacar, en primer lugar, la primacía de la autoridad y los privilegios de la jerarquía. Por eso se acentúa la importancia del poder, que deja de ser ya un servicio incondicional a ejemplo del Siervo doliente. Esto no quiere decir que le haya faltado a la Iglesia la antigua generosidad. Lo que se quiere hacer es precisar un cierto espíritu más que criticar todo lo del pasado.

Con respecto a esto, no se puede dejar de destacar la diferencia con el origen. Una diferencia notable con relación al ejemplo de Cristo y a la permanente enseñanza del Evangelio. Quiérase o no, cuando se reivindica en primer lugar la función de la autoridad como representativa de Cristo, se corre el peligro de aprovecharse sutilmente o no de ella, aunque sea con el deseo sincero de servirle a él.

Una lógica despiadada que, por lo demás, no deja de impresionar somete las cosas santas al poder de una autoridad, la única que tiene capacidad para producirlas. Así es como los sacramentos, según la fórmula conocida, producen lo que significan. La causalidad productora de lo sagrado en virtud de una palabra denuncia aquí la manifiesta cercanía a la magia.

3. La inevitable pregunta sobre *en qué se diferencia la fe de la religión* está prácticamente resuelta en las reflexiones anteriores. Bultman y, antes que él, toda la tradición protestante no dudan en anunciarlo según el espíritu paulino más exigente. La religión que por esencia se adueña de Dios o de lo divino se erige en poder. Ella los mantiene permanentemente sometidos. Y ella, por eso, es la negación de la fe, de su debilidad y su locura.

Si hay algo que le repugne a ésta es la sublimidad religiosa llamada «mística» o «misticismo», ese ansia de dominación posesiva, eso tan humano que la historia de las religiones testimonia. Se comprende así el sentido profundo de oposición. La teología de la Cruz y la teología de la Gloria se diferencian y se excluyen, lo mismo que la fe y la religión se distinguen y excluyen.

No vale el contraponer que el poder-dominación, según el primer capítulo del Génesis, es la imagen en el alma humana del Dios poderoso y dominador. El texto de referencia es muy preciso. La dominación sobre todo lo que existe en la tierra, en el mar y en el aire no significa dominación del hombre sobre el hombre y mucho menos el confiscarle la religión al Todopoderoso.

Se replica que Pablo manifiesta demasiada sensatez como para dejar a cada uno a su arbitrio. La autoridad gobernante es tan necesaria en la Iglesia como en la sociedad. Cierto. Pero ¡ojo! La autoridad, según el espíritu del Señor, es ante todo un servicio a los demás: *El primero entre vosotros, que sea también el último.* Cuando el gobernante está a los pies de los demás, es cuando cobra conciencia de ser-para-los-demás y de su función. Se puede proclamar «siervo de los siervos» pero no por eso desaparece la ambigüedad del poder.

La Biblia, en varios de los pasajes más sobresalientes (cfr. Jueces 9, 1-21; 1 Samuel 8, 10-19), denuncia la tendencia natural del poder. Se opone a la explotación del pueblo por el monarca que, desdeñando a Yahvé, quiere someterlo conforme al prestigioso modelo de las naciones paganas. Y, además, en la tradición cristiana encontramos un cierto pesimismo respecto de los poderes, asimilados, a veces, a los poderes malignos que merodean por el mundo. La Reforma no parece estar muy lejos de esta concepción.

4. Con frecuencia se ha calificado a esta última como un individualismo religioso. Si procedemos comparativamente, es innegable que el catolicismo se distingue por preferir lo comunitario y social a lo personal. El reformado, como tal, no ignora la comunidad. Pero su conducta, lejos de ceñirse «al conjunto de las relaciones sociales» que la forman, testimonia la emergencia de un Ego, plenamente consciente de sus posibilidades y responsabilidades.

La reivindicación protestante sintetizada en *sola Scriptura*, en la vuelta a la Escritura como única autoridad competente contra los abusos de la tradición, pone de manifiesto por encima de todo una exigencia de autonomía. El protestante lee solo los textos que le incitan a reflexionar. La lectura acrecienta la ventaja de una soledad más favorable a la escucha de la Palabra que interpela y que conmina a veces a cuestionarse.

El católico, inmerso en el culto de las imágenes que en el porche de la catedral y en las vidrieras del crucero despliegan la historia de la salvación, es más sensible a lo que ve. En el terreno de las artes, la pintura es más abundante en el espacio de una gran Iglesia. En cambio, el templo concuerda con la música más que con el colorido de un cuadro, que prohíbe una severa doctrina iconoclasta.

La oración católica se desarrolla –o más bien se desarrollaba– en la grandiosa visibilidad de las liturgias solemnes. La lectura de la Biblia requiere más recogimiento que despliegue. El texto, en su profunda distancia espacial y temporal, exige distanciamiento de sí para consigo que anuncia los modernos tiempos de reflexión y subjetividad.

Es posible ver en estos nuevos rasgos la distancia que media entre una fe austera y desnuda, atenta a la reflexión, y una religión preocupada por lo grandioso y por la ostentación gloriosa.

5. Al término de este resumen de las «características», se pueden entrever algunas consecuencias de la *theologia crucis*. Y la primera de todas es ésta: al no ser reconocida en el nombre de la Cruz, está amenazada de desaparición esa jerarquía que levanta un muro de separación entre inferiores y superiores, que establece la distinción sacerdotal entre clérigos y fieles, entre estado religioso de perfección y laicado y, más en general, entre sagrado y profano. Aunque pervivan entre nosotros, no es posible calificarlas de cristianas. En opinión de algunos, esta «laicidad» protestante lleva a una práctica de lo cotidiano que evoca nuestra «secularización».

No estoy seguro de que el sustantivo, en este caso concreto, exprese realmente lo que sucede o sucedió. En efecto, la existencia reformada nada tiene de secular en el sentido que la laicidad moderna le atribuye. Ésta prescinde de toda religión y de Dios mismo, el cual, con gran escándalo de la cristiandad histórica, viene a ser puramente facultativo.

El protestante que lee la Biblia y saca del libro sagrado no sólo una moral, sino el programa de una *«vida en Cristo»*, no abraza en sentido estricto una secularización que denota toda una serie de conflictos y luchas por la causa de la tolerancia. No creo que un protestante, por libre que quiera sentirse, pueda aceptar la tolerancia en el sentido tan concreto que se impuso como conclusión de nuestros debates.

6. Para completar el cuadro, conviene preguntarse qué influencia tuvo la Reforma en las otras dos confesiones cristianas. No parece que haya afectado hondamente a los cristianos orientales de la Ortodoxia, más próximos a la catolicidad por el conjunto de sus posturas doctrinales. Los teólogos católicos se aprovecharon de sus aportaciones. Para apercibirnos de ello, basta medir la distancia que media entre el Vaticano I y el Vaticano II.

No podemos sino alegrarnos por las consecuencias de un ecumenismo bien entendido que, lejos de hacer desaparecer las diferencias o quitarles fuerza por un insípido término medio, las pone al servicio de todos para que cada uno, tal como *es*, no se olvide nunca de la riqueza de su *otro* en su irreductible alteridad.

Después de todo, lo que al cristianismo y a todo cristiano le importa es que la fe y la Cruz, armonizadas por una rima racional y no de simple asonancia, den sus frutos de felicidad.

La promoción evangélica de la fe

Para clarificar la diferencia entre fe y religión, tan fuertemente marcada por la Reforma, es muy recomendable buscar lo que en la conducta de Jesús, según los textos evangélicos, nos permite avalar su legitimidad. Las referencias no faltan. El encuentro con los interlocutores más variados muestra una práctica que no se caracteriza por su rareza.

1. La mayoría de las veces, los hombres o mujeres que encuentra Jesús en su camino pertenecen, según la Escritura, a esa categoría de «pobres» que ni siquiera tienen la pretensión de justificar su existencia. Son pobres de corazón y, con mucha frecuencia, pobres también de recursos, y las pruebas no les faltan. Por eso ellos, dejándose llevar de la instintiva intuición que percibe en Él al salvador o médico de los pobres, esperan del maestro un gesto que los cure o los socorra.

El mismo Jesús, por sus circunstancias vitales, se define como *«el hombre que no tiene donde reclinar su cabeza»*. A los que desean seguirle les exige la renuncia de todos sus bienes (Mateo 19, 16-22). Y no por eso la austeridad conlleva sectarismo. Cuando es invitado con sus discípulos a unas bodas (Juan 2, 2), no rechaza la invitación.

Con todo, el conjunto de los textos relacionados con los ricos atestiguan una severidad que puede sorprender. Incluso da la impresión de que la riqueza, como abundancia de bienes asociada a una conciencia altanera, constituye el principal obstáculo para la entrada en el Reino: *«No podéis estar al servicio de Dios y del dinero»* (Lucas 16, 13). La Biblia hebrea parece más acomodaticia. Pero esta acentuación de la pobreza, en el doble sentido que recordamos, explica sin duda un rasgo muy importante de la postura de Jesús.

En efecto, aunque su misión, como la de los apóstoles, está, si cabe hablar así, restringida por derecho a las *«ovejas de la Casa de Israel»* (Mateo 10, 6), él no cesa de ensanchar las fronteras de su misión. No se recata de la alegría que siente por esa amplitud. Y esa alegría que brota en él está referida a cualquier pobre, sea cual sea su condición, origen, nacionalidad y religión. Lo esencial es que él es un verdadero pobre según la acepción mencionada.

Por tanto, lo que a él le interesa es la fe de la gente pobre. Y, con una ironía nada fingida, confiesa que no ha encontrado en Israel una fe como ésa. Es aún más convincente un episodio ampliamente desarrollado en el Evangelio de Juan (4, 1-27): el encuentro de Jesús con la Samaritana.

2. Lo sorprendente de este texto no es, aunque lo sea para los discípulos, que el maestro hable con una mujer que encuentra en su camino a Samaría. En realidad, es que se trata de una mujer samaritana. Y se sabe que los samaritanos son herejes y que su templo en el monte Garizín es testimonio, convertido en edificio, de su irreductible secesión.

Como se sabe, el auténtico templo de la religión verdadera está en Jerusalén. Éste, y sólo éste, es la manifestación terrestre del Dios invisible y único, así como el punto de encuentro, la alta conciencia, en la magnificencia de sus oros, del predilecto de Yahvé, Israel en persona. La unicidad del templo, por tanto, es exigida por la doble unicidad, correlativa y recíproca, de Dios y su pueblo en su tierra de promisión.

Al construir un templo aparte, Samaría no ofende sólo a Jerusalén. La solidez de su contraafirmación pone el acento en la blasfemia irreparable dirigida contra esa divina y múltiple unicidad que funda e inaugura, con una memoria sustancial, la historia de la salvación. Así se explica la nota incidental relativa a los judíos: *«éstos no se tratan con los samaritanos»* (v. 9-10).

3. Para mayor abundamiento de su desdicha, esta mujer, como el desarrollo del diálogo nos la presenta, es de mala vida. Por las circunstancias en que tiene lugar, la entrevista con la Samaritana rompe con una tradición de la que apenas se cuida Jesús, y tampoco del resto, porque no respeta el sábado, ya que está hecho *«para el hombre y no el hombre para el sábado»*. Las tradiciones son más peligrosas que útiles cuando intentan confundir el medio y el fin, lo relativo de una mediación y la necesidad del Absoluto. El texto desgrana, como quien no quiere entrar en ello, las diversas transgresiones que salpican la narración.

Para zanjar la disidencia, el maestro, fatigado del camino, le pide de beber a una criatura de la cual lo deberían alejar las diversas prohibiciones grabadas en su carne y que la exponen al transeúnte. No comas, ni tampoco bebas con el hereje. A veces se ironiza sobre la distinción entre puro e impuro en los alimentos: división útil para persuadirnos, a lo sumo, de la incomprensibilidad divina. Eso es olvidar lo obvio: «eres lo que comes». Si comes con el infiel o el hereje, te conviertes, pese a tus desmentidos, en lo que no querías ser.

El binomio alimenticio nada tiene de absurdo. Simboliza de una forma muy humana y religiosa la pureza de separación por la que el Santo de Israel, el gran separado, hace por sí mismo la división entre el Dios verdadero y la caducidad de lo que no es él. La cocina, pues, no es extraña a la teología. Según el dicho antiguo y siempre respetable de Santa Teresa de Jesús, es muy verdad que «Dios anda entre los pucheros». Un ojo vigilante no se engaña.

4. Empujado por el Espíritu que anida en él y que le insta a dejar «el país de la semejanza», Jesús se apresura a franquear la frontera que separa la región del infiel de la tierra de los elegidos. Se dirige a los que no pertenecen al redil del Dios-pastor. Esta atención al otro entraña además una crítica, nacida de su gran amor, a la estrechez de la misión inicial. El *destino*, en adelante, excede a la *determinación* circunscriptiva del comienzo, que, en realidad, no era más que una concesión provisional.

Le era necesario a su alma habitada por «*el Verbo que ilumina a todo hombre que viene a este mundo*» un corazón tan ancho como el universo, capaz de subordinar al universal humano la humanidad territorial en un primer momento de la revelación[1]. El paso por Sa-

[1] En otro género, muy diferente pero análogo en su diferencia, en filosofía, se observa una especie de pulsión que fuerza los límites del ente hacia lo ilimitado o la indeterminación fecunda del ser en cuanto tal.

maría, la parada junto al pozo de Jacob, el ancestro patriarcal, responden a la vez a una veneración no fingida del pasado y a la necesidad de su superación. El suelo o el país de la conformidad que nos sostiene, indispensable como los límites y las definiciones, no está justificado más que por el impulso que nos propina desde su trampolín.

Después del intervalo narrativo se inicia el diálogo. Jesús le pide a la Samaritana que le dé de beber. Ella le responde: «*Tú, que eres judío, ¿cómo pides de beber a una mujer samaritana? Jesús le contestó: Si conocieras el don de Dios y quién es el que te pide de beber, tú le pedirías a él, y te daría agua viva*».

Respuesta enigmática. En el brocal de un pozo cuya profundidad la Samaritana conoce bien, el maestro cambia de registro. Entre el agua adormecedora que espera el ánfora y esa otra agua que se transforma en cada uno de nosotros «*en manantial que brota y da vida eterna*» la relación es demasiado desconocida para ser comprendida de inmediato. «*Señor, dame de esa agua, para que no tenga sed y no tenga que venir acá a sacar agua*». La mujer, comprensiblemente, sueña con una ayuda que le alivie el esfuerzo que ha de hacer a diario.

Ella desconoce, al menos en este preciso momento, que la distancia que separa los extremos es lo que hace que éstos se toquen. La metáfora, es decir, el divino transporte, no es retórico. Sabe expresar, mostrándolo, que lo más lejano es también lo más cercano. Tal es el modo natural de percepción de Jesús. Se mueve sin artificio en los dos mundos del rechazo de la ilusión, que nosotros consideramos ajenos y contrarios.

Se pasa del uno al otro porque en los términos del vocabulario y en la solidez de las cosas resuena el imperativo de ese *paso* que la Biblia, en el libro del Éxodo, designa como la fiesta de Pascua. Ese tránsito pascual es quizá también el que significa, siguiendo una acepción práctica, la doctrina de la unión del Verbo eterno y de la humana criatura en la persona de Cristo.

5. El Evangelio se sirve de las cosas más cotidianas para decirnos lo único necesario: el agua y la luz, las flores del campo y la encantadora despreocupación de los pequeños, tan próximos a las anémonas.

El tema del agua es habitual en la Biblia. Jesús no ignora esos precedentes bíblicos. Pero aquí, como en otros pasajes, corre el riesgo de transgredirlos. Dispone de la tradición y del vocabulario recibidos de tal manera que el pasado inscrito en el léxico está siempre impaciente por alcanzar su futuro.

En este momento, en la ruta de Samaría, se trata de un regalo que entrega no sólo a éste o ésta que se cruza en su camino, sino a todos los que tengan sed de «algo», más allá del ruido del mundo y de los requerimientos de la necesidad. Para visualizar esa ir más allá, recurre al elemento más necesario para la vida, a esa agua de pozos o estratos profundos que hemos dejado de valorar a causa de una ilusoria sobreabundancia que nos hace inconscientes de su precio. En el país donde brilla el sol, lo más abundante –o, al menos, lo que se tomaría como tal– es una mercancía tan escasa como la gracia del cielo. En Samaría, todos han podido experimentar esa quemazón y esa escasez.

El verbo «beber», tan corriente y, con todo, tan divino, forma parte del lenguaje que, en el Evangelio, dice la última palabra sobre la historia de los hombres y las cosas: *«Yo tenía sed* (...) *Lo que hayáis hecho a estos mis hermanos menores me lo hicisteis a mí»* (Mateo 25, 35-40). Imaginamos una escenificación del día final con la mano tendida de un niño que, en el centro, le da al más pequeño de sus hermanos el vaso de agua ofrecido en su nombre para arrancarlo de la muerte.

Es imprescindible un toque de materialidad para poderle infundir a todo lo existente un alma de sentido y humanidad. El principio que sustenta esta práctica parece ser el siguiente: «Nada hay en el universo que no pueda relacionarse con la actividad humana». No es cuestión de fiebre antropocéntrica. Es la realidad, trivial y sorprendente, de que lo humano, en virtud de su relación con el ser en cuanto ser, está vinculado a todos los elementos del universo. En este sentido, se ha podido afirmar que todo lo que existe ha de ser calificado de *pragma*, palabra griega que significa «cosa», pero referida a la acción.

Ahora bien, el agua fresca del pozo no se presta sólo para un uso humano. Aquélla otra que lleva el mismo nombre no brota de las profundidades de la tierra. Cae del cielo. Desciende de arriba para elevarse a su nivel de origen. Se identifica con la fuente de la vida. Tal es, en su esencia evangélica, esa agua que no se desliza por nuestras llanuras. No se la busca afuera, cerca o lejos. Para quien la bebe, deja de ser externa. Es interior y tan cercana al corazón que se confunde con él. Esta agua esencial no puede ser agua adormecedora. Es agua viva y lo es sólo al convertirse en manantial. Y es manantial, únicamente, por su perenne salto hasta la vida eterna. Éste es el impresionante conjunto de implicaciones que constituyen el poema que el maestro desgrana ante nosotros.

La eternidad vuelve a entrar en nuestro lenguaje cotidiano, pero ya no evoca un inmenso aburrimiento que sólo se perpetúa en el tiempo para tomar la figura de la muerte. No, es dinamismo, una fuente siempre manante. ¿Acaso la fe es algo distinto de esa agua vital cuyo origen no está lejos del soplo del espíritu, del cual no se sabe *«ni de dónde viene ni adónde va»*?

Nos preguntamos si Cristo, cuando contemplaba *«los lirios del campo»* y los hombres sencillos que se les asemejan, no estaría pensando en esa agua y en ese viento inseparable de ella. ¿No es la fe una mirada de niño dirigida a un mundo en continua ebullición, a despecho de las inevitables incidencias que acompañan sus cambios bruscos?

6. No puedo eludir la siguiente pregunta: ¿en qué sentido ese germen de movilidad puede ser la misma eternidad? Jesús no se explica. Según nuestro Evangelio, la eternidad se afirma como vida y fuente más que como indefinida duración. ¿Conviene entonces identificarla con un tiempo tan intenso que hiciera desaparecer su extensión? ¿Es esa intensidad vivida en la fe la que hace que cada uno «se sienta eterno»?

Una interpretación tan radical haría poco felices a los fieles de nuestras Iglesias que, incluso en las horas de fervor, no «experimentan» una elevación de esa naturaleza. ¿Deberíamos entonces reservar la eternidad a los momentos privilegiados y escasos en los que el entorno habitual de la existencia y el hastío de los días interminables parecen desdibujarse? Se intenta, mal que bien, sugerir por rodeos más o menos expresivos lo que, de alguna manera, concentra nuestra dispersión en la plenitud indivisa de nuestro ser. Hay que hacerse perdonar estas pobres aproximaciones.

Otro texto del mismo San Juan puede completar nuestro vacilante esbozo. El capítulo 15 de su Evangelio, considerando sólo su letra, llama la atención por los múltiples casos del verbo *permanecer (menein)*: «si no permanecéis en mí...», «permaneced en mí», etc. Sugerida por esta iteración, la permanencia sería la obra fundamental del cristiano y de su fe en Cristo.

Permanecer, sin embargo, no es sinónimo de ese salto de agua que nos había subyugado. En francés común, su participio pasado denota una lamentable estabilidad o permanencia. Pensemos en la extraña definición que un filósofo hacía de la materia: «voluntad fija de una situación fija». Una fijación semejante nos aleja de los pasajes estremecedores que hablaban del manantial. La fe, si se sintetizara en estéril fijación, dejaría de ser vida.

No hay nada de eso. La imagen de los sarmientos que deben su fructífera existencia a la unión o *permanencia* en la cepa basta para disipar cualquier perplejidad. Cierto, la permanencia vital nada tiene de la agitación o de la «actividad» que transforma una materia. Pero precisamente porque no hace nada, porque no se prolonga en la variedad del ajetreo o en la atención de la eficacia, realiza la vida en su acepción más profunda, es decir, la más afín a la eternidad manante.

7. Permaneciendo en la fuente, en esa fuente que está en nosotros y que es nosotros según lo más valioso de nuestro ser, es como mejor podemos experimentar, incluso en nuestra vida diaria, que somos eternos. Algo se apodera de nosotros que impide todo apego a las cosas y a la inconsistencia de la diversión. Y lo que se apodera de nosotros, manteniéndonos independientes, no es otra cosa que la savia silenciosa o esa agua indefinidamente operante que, al sacarnos de la mediocridad, nos promete y nos facilita la incesante novedad de lo desconocido.

Para ilustrar lo que sucede, me sirvo de lo que los matemáticos llaman el elemento neutro. Éste para nada altera aquél al que se suma o parece sumarse. En realidad, no hace número con el factor que acompaña. Lo deja en su especificidad. Dios, decían nuestros antepasados, no se suma al mundo y tampoco es uno más con él[2]. Con todo, la referencia matemática sólo es una lejana ilustración de lo que nos da a entender el texto joaneo.

Permanecer, como operación esencial, para nada altera el *hacer* múltiple. Pero no se contenta con acompañarlo. Inspira y alimenta indefinidamente una acción que, sin la colaboración de ese primordial *actuar*, se debilitaría en dispersión o rutina. Lo eterno a lo que nos acercamos no tiene que oponerse al tiempo o alterarlo con su presencia.

Pero nos podemos preguntar cómo conciliar, en concreto, la acción fundamental con las diversas acciones que componen el menú de la existencia. La dificultad sería insoluble si colocáramos la primera y las segundas al mismo nivel. Asistiríamos así a una especie de disección, porque no es posible, sin caer en esquizofrenia, atender a dos polos independientes. Este presupuesto es el que plantea problema.

En efecto, la actuación del permanecer no tiene que entrar en composición con ese tercero que sería monstruoso, porque entonces el tercero haría desaparecer el elemento neutro que sostie-

---

[2] Aristóteles, aunque no utiliza este lenguaje, en un pasaje de la *Metafísica*, propone una consideración análoga a propósito del ser. El ser no altera aquello a lo que parece añadirse (cfr. Gamma 1003, 25-27).

ne ese actuar y lo transformaría en un *hacer*. Él es el fondo en el que emerge, como de su fuente, la diversidad de nuestras ocupaciones. Nada tan común como esta unión del fondo y la forma. Todos conocen por experiencia que eso forma parte de la vida diaria. La fe sabe conjugar lo que nosotros contraponemos. La simplicidad de su mirada no nos saca del tiempo cuando se refiere a la perdurabilidad de la fuente eterna.

La religión y su más allá

El diálogo sufre un nuevo giro cuando la mujer de Samaría comunica al maestro sus inquietudes religiosas. Ella es consciente de la acusación de disidencia y paganismo que los judíos no cesan de repetir e imputar a los samaritanos con el propósito de crearles un problema de conciencia. La Samaritana quiere conocer qué piensa Jesús de ello, pues le ha dado a entender que es profeta al descubrirle, sin su previa confesión, una vida privada bastante borrascosa. «*Señor, veo que eres profeta* (...) *Nuestros padres daban culto en este monte; vosotros en cambio decís que es Jerusalén donde hay que dar culto*» (v. 19-20).

1. El contraste es patente y, en un instante, se crea entre el Señor y la Samaritana un ligero distanciamiento natural. Jesús es judío y el hecho es tan evidente que ni tiene que explicarse. Motivo de más para que tenga su opinión. Y, en este punto, las cosas están claras y nada puede empañar la evidencia: «*Vosotros dais culto a lo que desconocéis; nosotros damos culto a lo que conocemos; pues la salvación procede de los judíos*». El distanciamiento queda patente en la contraposición del *vosotros* y el *nosotros*. La respuesta suena como una evocación evidente: Israel y la alianza, la divina promesa y el culto del verdadero Dios. ¿Cómo dudar de esto? Está claro que la salvación viene de los judíos.

Pero todo sucede como si la evidencia, sin ser engañosa, necesitara un correctivo. Así es, ciertamente, y los dones de Dios son definitivos. La fidelidad de Yahvé exige del pueblo elegido una fidelidad recíproca a la llamada que, en el Sinaí, hizo de él lo que es. Pero ¿cómo comprender entonces las palabras siguientes: «*Créeme, mujer, llega la hora en que ni en este monte ni en Jerusalén se dará culto al Padre*» (v. 21)?

La solemnidad de la declaración no deja lugar a ninguna reserva. Bajo el rayo refulgente, el templo del monte Garizín y el templo por excelencia en el monte Sión de Jerusalén quedan situados en el mismo plano o rango. La hora que está llegando les quita toda validez. En todo caso, en adelante no «*se dará culto al Padre*» en los montes, por muy santo que sea alguno de ellos.

La hora llega. Y esta hora que llega, que probablemente es su *hora* con mayúscula, deja tras de sí lo que sucedió «con anterioridad», convirtiéndose ante lo nuevo en definitivamente pasado. ¿Acaso se trata de un paso, de otra Pascua y de la necesidad de un nuevo escalón para un nuevo tránsito? Pero ¿cómo compaginar entonces una tan tajante decisión-ruptura con las afirmaciones solemnes sobre la fe verdadera: «*Nosotros damos culto a lo que conocemos*» y sobre el privilegio de Israel: «*pues la salvación procede de los judíos*»? Imposible negar lo que se anunció con tanta claridad. Por más que tengamos los dos cabos de la cadena, no vemos bien cómo «prosigue el encadenamiento».

2. Si somos coherentes con el espíritu del texto, está claro que aquí también se habla de un cambio, de una metáfora-trampolín o Pascua de un nuevo paso. ¿Deberíamos, entonces, reducir Israel a metáfora? Apoyándonos en los versículos precedentes referidos al agua viva «*que salta hasta la vida eterna*», se diría que aquí y allí se trata de un mismo cambio. Sea como sea, hay que andar. El imperativo, por tanto, siempre es el mismo. Pero sigue siendo verdad que Israel es Israel, que la fe es la fe y que Yahvé no se contradice. Es el Dios de la Pascua y, por consiguiente, el Dios del Paso que, en cada una de sus *venidas*, lo efectúa con nosotros.

Henos aquí enfrentados, una vez más, al problema del continuo en el discontinuo y viceversa. El pasado es siempre el fruto de un tránsito. Pero Israel no está ya a punto de iniciar un paso. Nunca tuvo él, aun en tiempo de la posesión de la tierra prometida, la certeza de habitarla para siempre. No hay morada permanente, salvo ese original *permanecer* en la fuente y en lo eterno.

El cambio no niega la lógica de una historia santa adscrita continuamente a una *kénosis* que causa el vacío sólo para abrir el alma a un mundo nuevo. Israel sigue siendo lo que es por la esencia de su misión. Pero su misión, a despecho de su esencialidad irreductible y su agua de fuente viva, debe conciliar la eternidad y el tiempo. Mas es imposible conciliarlos si, en contra de Platón, se hace del tiempo la imagen inmóvil de lo eterno. La distinción de los elementos es una exigencia de vida y de supervivencia.

Nadie escapa a la ascesis del grano que muere para suscitar, a modo de insurrección, la novedad de la planta y de su flor. En eso debe haber momentos decisivos que miden con su contingencia el impacto de la eternidad en nuestra oblicua tierra. Llega la hora. No solamente *«llega, ya ha llegado»* (*nun estin*, precisa el versículo 23), *«en la que los que dan culto verdadero darán culto al Padre en espíritu y de verdad. Tal es el culto que busca el Padre. Dios es Espíritu y los que le dan culto lo han de hacer en espíritu y de verdad»* (v. 23-24).

3. Estas dos últimas líneas han motivado la alegría de innumerables no creyentes que han leído en los memorables versículos la oposición de la letra y el espíritu, de la tradición y la innovación, del cuerpo torpe y el alma ligera como la gracia. Yo no discuto su entusiasmo. Prefiero explicitar el sentido global de este capítulo evangélico, destacando sus *momentos* más significativos.

- Desde el agua secular del pozo a la fuente que salta dando vida eterna, el paso obligado y la metáfora innovadora nada tienen en común con la maldita imagen de un trans-mundo que nos pueda malograr una existencia verdaderamente nuestra. La eternidad es la fuente inagotable que, en el corazón de cada uno, por el simple hecho de *permanecer*, ilumina continuamente el ejercicio de lo cotidiano.

- Un paso análogo y de dolorosa conversión nos lo sugiere la exclusión de un determinado culto, que no es otro que la religión. La religión, en su acepción monoteísta, debe sufrir también un cambio. Ya no se adorará en los templos. Aquí, sin duda alguna, está el punto crucial del encuentro con la Samaritana. Con todo, nos podemos preguntar si la religión, dada nuestra condición sensible y material, no continúa siendo un acompañamiento necesario. Jesús no se pronuncia al respecto. Él va derecho a lo único necesario. Y eso necesario lo expresa con palabras que no admiten restricción alguna.
- De todo esto resulta una misma conclusión: el paso-conversión de una situación histórica a la emergencia histórica de los verdaderos adoradores en espíritu y verdad. *Espíritu* debe tomarse aquí al margen de toda acepción filosófica, como el soplo del que ya se ha hablado. Con respecto a la verdad, tampoco es del ámbito del filósofo. Conviene entenderla según las tres V del ternario joaneo: «*Yo soy la vía, la verdad y la vida*» (Juan 14, 6).

Hay que pensar, más que en una adecuación estática del intelecto a la realidad o de ésta al intelecto, en una verdad *hodológica*, es decir, en una verdad relativa al justo y recto camino a la meta que se perfila en el horizonte y al que se le ha prometido fidelidad. Así, la vida que fomentamos no es más que la práctica de esa *verdad hodológica*.

- Al régimen de la religión le sucede la era de la fe. La oposición, cuyo abanderado fue la Reforma, ve en la entrevista con la Samaritana una justificación que tal vez no haya explotado. Por tanto, los verdaderos adoradores según nuestro Evangelio son los hombres de fe de acuerdo con las dimensiones que le hemos reconocido: libertad de los hijos de Dios, dependencia del espíritu que sopla donde quiere, inmanencia de la fuente de agua viva en el corazón de cada uno, fidelidad a la vía correcta como condición de una auténtica vida.

- Deliberadamente, he dejado en blanco una última peculiaridad de la fe: la inmanencia terrestre que es condición suya como distinta de la religión. Pero esto me lleva a un último comentario.

El juicio final

La escena del juicio final cierra admirablemente la entrevista con la Samaritana. Indica, bajo el registro de la inmanencia, las actividades humanas y crísticas que provienen de la fe en su espíritu y su verdad.

El juez del juicio final (cfr. Mateo 25, 1s) echa una mirada al mundo que perece. La escena discurre como si estuviéramos presentes manteniendo una distancia que permite ver las cosas de cerca y de lejos a la vez.

1. ¿A qué viene este juicio final? ¿Qué sentido tiene esta representación judicial como última imagen del Evangelio de amor? Se nos ha dicho: «*No juzguéis y no seréis juzgados*» (Mateo 7, 1). Habituados a la misericordia divina, esta estampa austera de inflexibilidad en el último día del mundo tiene algo de aflictiva. Sentimos tentación de sustituirla de inmediato por lo que se lee en el primer capítulo del Génesis: «*Y vio Dios todo lo que había hecho: y era muy bueno*» (v. 21).

¿A qué viene un juicio distinto de éste? Parece que el primero debería ser el último. ¿O es que, en el entretanto, el Altísimo, como si se arrepintiera, desaprueba lo que había hecho? ¿Por qué se oscurece la visión feliz del primer día con el ropaje fúnebre de un tribunal?

Estas preguntas se entienden fácilmente. Para templar su insistencia, no basta con evocar la necesidad de una puesta en escena, el artificio literario o la fabulación. Hay en estos textos, aunque parezca mentira, momentos muy duros, ecos de una Biblia en la que se habla a veces de un Dios vengativo, de una «justicia vindicativa», dirán los teólogos. El infierno del fuego eterno está presente en ellos en términos inapelables.

Miguel Ángel, en el techo de la Sixtina, supo traducir perfectamente en un gesto espléndido de expulsión las últimas palabras de la sentencia. Los buenos y los malos tienen que dar cuenta de lo que han hecho. Nuestras acciones nos acosan y se nos echan encima en el último instante. La dramaturgia es conocida. Y no deja de tener resonancia en todos nosotros. Pero hay algo más. Y ese algo más es nuestra preocupación más importante.

2. Retomando el hilo de la narración, entresaco sus pasajes esenciales:

> Entonces el rey dirá a los de la derecha: Venid, benditos de mi Padre, a heredar el reino (...) Porque tuve hambre y me disteis de comer, tuve sed y me disteis de beber, era emigrante y me acogisteis, estaba desnudo y me vestisteis, estaba enfermo y me visitasteis, estaba encarcelado y acudisteis.

A los que le preguntan: «Señor, ¿cuándo te vimos hambriento y te alimentamos, sediento y te dimos de beber...?», el Rey les contesta:

> Os aseguro que lo que hayáis hecho a esos mis hermanos menores me lo hicisteis a mí (v. 34-40).

Estamos, con estos versículos, en el centro de la escena e informados de lo esencial. La solemnidad del juicio final pone de relieve la importancia de la vida diaria. Nunca se insiste demasiado en la prosa de este lenguaje. Sus verbos, efectivamente, se usan a diario: comer, beber, vestirse, etc. Sin ánimo de unir al Evangelio un mundo que le es ajeno, nos está permitido el recordar que los verbos del juicio final coinciden con los que utiliza Marx para describir «el acta inaugural de la historia»[3]. Se puede establecer una cierta correspondencia entre el acta inaugural y el

[3] Cfr. *Deutsche Ideologie*, ed. S. Landshut, *K. Marx Frühschriftesn*, Kröner, Stuttgart, 1971, p. 353-354.

acta final. Esto no es motivo para olvidar la diferencia, mucho más importante, que separa los textos y los contextos.

3. La acentuación de lo cotidiano hace resaltar, por contraste, la ausencia de la religión en el juicio final. Nos sorprende, en efecto, que no se diga nada de las creencias, más concretamente del Credo, o de las observancias, de los ritos y, en especial, de la oración. Un alma profundamente religiosa debe extrañarse. Porque, en un juicio tan solemne, esperamos encontrar la motivación religiosa de la sentencia. Ahora bien, esa expectativa queda frustrada.

Todo se desarrolla como si la escena final confirmase lo que se decía tan abiertamente en la entrevista con la Samaritana: «*Créeme, mujer, llega la hora –y ya ha llegado– en que ni en este monte ni en Jerusalén se dará culto al Padre*». La adoración en espíritu y en verdad cambia de lugar y objeto. La postración de antaño consiste ahora en ponerse a los pies de los más necesitados y al servicio de los más pequeños. Y maldito sea quien desapruebe estas actitudes.

4. ¿Estamos, entonces, en un mundo en que sólo cuenta la realidad de cada día? ¿Es que el cristianismo, en definitiva, va a quedar reducido a una caritativa filantropía, como se da hoy en los diversos países del mundo? ¿Y la Cruz de Cristo asimilada a una entidad más moderna y discutible en ocasiones, me refiero a la Cruz Roja internacional? Y si no es así, ¿en qué está la diferencia?

La diferencia no hay que buscarla muy lejos. El texto evangélico es demasiado claro para objetarlo: «*Lo que hayáis hecho a estos mis hermanos menores me lo hicisteis a mí*». En cada uno de los pequeños y de los más miserables, brilla, en la noche de la indiferencia, el rostro de Cristo crucificado. Y ¿cómo comprender la inmanencia del *Yo* crístico en la vida de los desgraciados? Porque, en realidad, él es el que habla: «*Tuve hambre, tuve sed, estaba desnudo*». «En agonía hasta el fin del mundo», como escribía Pascal en una noche de intenso fervor.

Esta compenetración de Cristo con todo sufrimiento humano, San Pablo la ha definido como participación en la muerte y en la Cruz de Jesús y, aún mejor, como inserción en el cuerpo místico de Cristo, cuyos miembros somos (1 Corintios 12, 12 s.). Sea cual sea la explicación que se dé, la relación vertical con el *Yo* crístico tiene su reflejo en la relación horizontal entre los miembros doloridos de este cuerpo y este principio. *«Si un miembro sufre, sufren con él todos los miembros. Si un miembro es honrado, se alegran con él todos los miembros»* (v. 12, 26).

No existe ninguna jerarquía en este cuerpo de sufrimiento. Puesto que todos tienen su necesidad específica, cuando sufren, todos igualmente «tienen derecho» –y pido excusas por la expresión en este contexto– al mismo tratamiento, porque está en ellos el mismo Jesús que sufre o al que se le *«persigue»* (Hechos 9, 4-5).

Unión vertical, unión horizontal: el cuerpo de los que sufren forma también un universo. Entre los que lo forman y Aquél al que todos hacen referencia, se crea un vínculo que, a la vez, recuerda la solidaridad de los elementos del universo y, en otro nivel, aquella otra que Kant da a conocer con la curiosa expresión «cuerpo místico de los seres racionales»[4].

5. Si el cristianismo no es simplemente un humanismo filantrópico, ni un personalismo bien armonizado, es porque, en el fondo, el vínculo crístico desborda la práctica de la comunicación que llamaríamos humana. Entonces, ¿cómo se presentan la dignidad y tarea de cada uno dentro de ese universo del sufrimiento universal?

La dignidad humana se perfila en la actualidad a través de las diversas Declaraciones de los derechos del hombre. Luego no se puede dejar de formular la pregunta que irrita: ¿qué relación

[4] Cfr. K.R.V. Leipzig, F. Meiner, 1944, p. 731: *Corpus mysticum*, expresión latina y paulina tomada por Kant. Cfr. *Critique de la raison pure*, trad. Traymesagues-Pascaud, París, 1927, p. 627.

existe entre la dignidad crística y aquella otra que protege la Declaración de los derechos?

Si bien es cierto que, en nuestros días, a las autoridades eclesiásticas les gusta recordar en sus intervenciones el respeto a los derechos humanos, como si el cristianismo fuera fuente y principio de su proclamación, no por eso uno deja de incomodarse por este nuevo apostolado que reivindica como herencia cristiana lo que la Declaración consagra como condición única en el universo de la vida. Me temo que en esto se da un malentendido.

No es cierto que los derechos humanos sean un «bien de Iglesia», por el hecho de ser un «bien de Evangelio». Esta precipitada apropiación no sólo corre el peligro de olvidar la parte que le corresponde a Israel en esta herencia. Permite, sobre todo, olvidar las reticencias y, más que reticencias, las condenas de la mayoría de las libertades que son otras tantas afirmaciones absolutas de la «conciencia moderna».

Para nada vale el recordar los conocidísimos textos que reprobaron las libertades que conquistó un libre pensamiento condenado durante largo tiempo en cristiandad. Los derechos del hombre son libertades y cuesta afirmar que esas libertades fueran bendecidas por la jerarquía eclesiástica. Por consiguiente, conviene distinguir lo que hoy, quizá, nos es difícil separar.

6. La dignidad crística que en todo hombre que sufre muestra el *Yo* misterioso que habita en él, como el *en sí* profundo de su propio *Ego,* no se refiere a un contenido cualquiera de derecho, de orden natural o positivo. Es, ante todo, una determinada condición. O, si se prefiere, un determinado ser que ya no es de «naturaleza» o de una noble herencia, porque se instaura a la venida de Cristo y gracias al homenaje de fe que se le tributa. Lejos de este contexto, pierde su sentido original.

No obstante, no rechazamos los derechos o libertades que nos reconocen las solemnes Declaraciones. Si las podemos integrar, no es porque el Evangelio sea su origen. Ahora bien, dado que esta condición favorece una situación aparte, sin demasiado esfuerzo podemos vincular esta dignidad a los memorables acontecimientos que terminaron por imponer una carta de libertades, primero, en Occidente y, luego, en todos los países gracias a una presunción de universalidad.

Por consiguiente, la dignidad crística que nosotros subrayamos es menos un conjunto de derechos que una tarea cuyo modelo ha sido el mismo Cristo que vino *«no para ser servido sino para servir»* (Juan 13, 13-15). El servir a los más pequeños de los hermanos es practicar para con ellos el amor que resume la ley, por estar por encima y por debajo de toda ley. Es también, por el mismo dinamismo, practicar la Cruz de Cristo y participar activamente en ella por la fuerza vivificadora del Espíritu que habita en nosotros.

> Ninguno vive para sí, ninguno muere para sí. Si vivimos, vivimos para el Señor; si morimos, morimos para el Señor; en la vida y en la muerte somos del Señor (Romanos 14, 7-8).

Nuestra vida y nuestra muerte ya no nos pertenecen. Ninguna de las dos son propiedad nuestra, porque están marcadas con un «ser-para» y con un «dinamismo» que no se confunden ni con la intencionalidad ni con la existencia analizada por las recientes fenomenologías. Sea cual sea el apremio del egoísmo, existe, por tanto, dentro de nosotros con qué superarlo.

Pero, de todos modos y al contrario de lo que se dice o se ha dicho a propósito del *Ego*: pura ilusión, flujo de sucesos sin conexión o simple reflejo de las condiciones ambientales, el *Yo* tiene la consistencia de un centro de iniciativa capaz de tomar la palabra, de arriesgarse y reivindicar la responsabilidad de una respuesta que ningún otro puede asumir en nuestro lugar[5]. La generosidad, a despecho de sus críticas, no es ni mentira, ni cálculo interesado, ni gratuidad por azar. El *Yo*, por ser la unidad de una

[5] No pretendo exponer ni refutar las posturas o actitudes relativas al problema del Ego, en Oriente y en Occidente. Tendré ocasión de volver sobre el particular.

fuerza en una envoltura de debilidades, puede entrar en comunión por ese ser «para y hacia» cuyo lugar y dinamismo es él.

7. La tarea imperiosa que el Maestro nos confía, según el Evangelio del último día del mundo, viene a ser el equivalente crístico de un acto de pura poesía. El poema que inscribe en la miseria del más pequeño el gesto inclinado hacia él nada tiene de poesía escrita o hablada. Tampoco guarda las características que le reconocemos. No depende ni del deseo, ni del azar, ni de la necesidad condicionante. Es el actuar no coactivo en el que el *Yo* se supera y se olvida.

El servidor *«cuya mano derecha ignora lo que hace su mano izquierda»* reitera en este caso, pero muy de lejos, aquella primera mano que inauguraba en lo absoluto de su independencia el acto creador. Él también actúa a partir de la nada o de la casi-nada que pone de manifiesto la plena desnudez. Él extiende sobre la nada por defecto de «quienes no son» la «nada por exceso» de la Cruz y su *kénosis*. La fe que se preocupa de la atención a los más pequeños practica así, a su manera, en el terreno de la inmanencia y la cotidianidad, el culto *«en espíritu y de verdad»*. Realmente, ya ha llegado la hora prevista en el encuentro con la Samaritana.

3

Fe y sabiduría
El problema de la Revelación

Si la fe es atención a la inmanencia o a las realidades terrestres y si la religión, como atención a la trascendencia, está ligada a la Revelación, ¿qué hay de la relación entre fe y Revelación? A estas primeras cuestiones, se suman otras dos que vienen a engrosar los conocidos quebraderos de cabeza de Occidente, es decir, las relaciones entre ciencia y Revelación y, ulteriormente, entre ciencia y sabiduría. En primer lugar, ¿qué da a entender *Revelación* cuando se habla de fe y religión?

El lenguaje de la Revelación

1. Empezando por lo más cercano a la terminología, *Revelación* quiere decir *desvelamiento*, levantamiento del velo, *apocalypsis* en griego. Otro término griego también, *aletheia*, sugiere por la misma imagen una función análoga. Ahora bien, levantar el velo connota algo oculto que, por su profundidad misteriosa o abisal, se sustrae a la percepción inmediata. Suponiendo que haya una vía humana a la Trascendencia –llámese oscuro presentimiento o encaminamiento conducido por el principio de razón–, no por eso la profundidad del misterio resulta menos inaccesible, ya que en cualquier hipótesis esa vía roza sólo la periferia, la orla del manto, y no lo íntimo de la divinidad.

Además, toda violencia de fractura sería impensable en el caso presente. Pues admitiríamos algún valor al argumento de causalidad, y está claro, como indica Santo Tomás, que la relación del mundo con Dios y de Dios con el mundo es sólo un resalte sin tener que ver con la esencia. Por eso, la vía racional, lejos de despejar el misterio, sólo puede avivar en el alma el deseo de entrar en comunicación con «el mismo ser de la causa», lo que San Pablo llamaba «las profundidades de Dios». Pero ese más allá de nuestras posibilidades sólo nos resulta accesible por medio de una humilde disponibilidad que rechaza toda intervención mágica.

2. De todo esto se sigue que la Revelación sólo es posible y pensable gracias a una libre iniciativa, a una donación puramente gratuita. Por deducción, el desvelamiento se inscribe en una cadena semántica donde figuran los términos principales del vocabulario cristiano, entre otros, aquéllos que nosotros ya hemos encontrado.

Hay que añadir la Palabra en el sentido bíblico del término. El Dios de la Biblia es un dios que habla, que expresa su voluntad, y vosotros escucháis sus designios de amor en favor de los hombres. Ahora bien, conviene que un nuevo paso aleje de la *Revelación* lo que ha podido significar el término *manifestación.*

Manifestación podría ser sinónimo de *desvelamiento.* Pero la *Revelación,* en su acepción judeo-cristiana, es un desvelamiento que entraña por parte del Altísimo una comunicación *personal.* No se puede prescindir de este matiz personal cuando se trata de Dios. Sin duda alguna, conviene evitar, en esta propensión semántica, el peligro de antropomorfismo. Para obviarlo, el teólogo recurre al método analógico.

Este método, pensamos, haría posible el evitar los extremos del todo o nada, del demasiado o demasiado poco, gracias a una dialéctica fluida que de una perfección reconocida, como digna de existir por sí misma (por ejemplo, ser, vida, pensamiento, pero no *razonar* que implica la imperfección del tiempo y de la mediación), sustrae sus límites y autoriza, por esa purificación previa, su sublimación o elevación al infinito.

La manifestación, en cambio, prescinde de toda palabra. En la India, por ejemplo, el *brahmán* se manifiesta en los fenómenos de la naturaleza o de la realidad humana. Son *expresiones* que no necesitan de ninguna manera que alguien hable y se comprometa con lo que dice[1].

Expresión, por tanto, no es sinónimo de *palabra*. El vocabulario de Spinoza nos advierte suficientemente de ello. Lo que expresa podría ser anónimo, estar más allá de todo nombre. El Dios de la Revelación que excede al Dios-causa está más bien por encima de él que más allá de todo nombre. Él nutre habitualmente una teología de la eminencia. El mismo misterio, por incomprensible que sea, lejos de abismarse en una teología negativa de estricta fidelidad, se desarrolla discursivamente en unas letanías sin fin, que prefijan los superlativos con *super* e *hyper*.

3. Entre estos dos modos de pensar lo divino, por manifestación o por revelación, la diferencia es tan sorprendente que de inmediato surge una pregunta. ¿A qué se debe esta diferencia?

La India y, entre otros, el neoplatonismo no toman en su elevación al Absoluto ni la vía de la causalidad cosmológica, ni la necesidad de un refuerzo para satisfacer nuestras necesidades. En esta línea, dan muestras de un perfecto desinterés.

Pero no pueden prescindir de toda motivación racional. Si lo hicieran, no se comprendería que estos hombres de larga y paciente reflexión pudieran jugarse la vida a cara o cruz, o que se dejaran llevar por un humor cambiante o, menos todavía, por los encantos de una fantasía imaginativa, de ordinario de-

[1] He de reconocer que la lectura atenta de la *Bhagavad Gita* exige en este punto serias modificaciones, que atenuarían la impresión general que reflejan mis observaciones sobre la India. Arjuna, el discípulo predilecto, está en comunicación permanente con el *brahmán*, que, a su vez, habla al corazón del predilecto.

masiado florida como para contentarse con una anónima y árida austeridad. Ni tampoco han recurrido al argumento llamado ontológico[2], porque el más allá del dios no tolera los superlativos de eminencia.

Se puede objetar que no olvidan la causalidad sino que buscan un *principio*. Es cierto, el principio que ellos invocan responde a una exigencia de racionalidad. Pero ¿es que puede ser de otra manera, tratándose de seres humanos, de Oriente u Occidente poco importa, que ya no cuentan para orientarse con la dócil inconsciencia de la planta o del animal?

Pero el principio no es la causa, al menos tal como se suele concebir. La causa está en línea de semejanza y, por eso, se habla con frecuencia de ella dentro del género biológico parental o filial. El principio, en cuanto tal, rechaza toda semejanza. De ahí la expresión tan conocida: «no es nada de lo que procede de él». Según el dicho platónico, comentado por el neoplatonismo, está «más allá del ser y la esencia».

Así se explica que la *manifestación del principio* no pueda coincidir con la *Revelación de un Dios-persona*. Pero esta diferencia no impide el fervor de una interioridad tanto más profunda cuanto que la indeterminación por exceso del Absoluto responde, en el alma humana, a otra indeterminación que rechaza todo encerramiento en la esencia-determinación de una naturaleza fija.

He aquí por qué, si el fiel de la Revelación está la mayoría de las veces «con Dios» o «junto a él», los fieles del principio están «en él» de manera que la diferencia parece diluirse sin que, por eso, haya que hablar de una identidad.

4. El Dios de la Revelación y la Palabra que desvela sus designios es el Dios del monoteísmo. Éste, hoy, es objeto de sospecha. Nos ocuparemos de esto más adelante. Sean cuales fueren

[2] Recordemos que el argumento llamado ontológico, sobre todo el formulado por San Anselmo, conduce de la infinita perfección –que sería la definición de Dios– a su existencia, siendo así que ésta misma es una perfección.

las dificultades sentidas o pensadas no podemos, a mi juicio, acusar genéricamente a los fieles del Dios único de que sólo lo invocan para que les sea favorable.

Cierto, el retorno de la magia es siempre un peligro. No perdona a nadie. Por eso la prohibición bíblica sigue siendo tan iconoclasta como en tiempos pasados: toda imagen y representación, tomadas de la naturaleza o del género humano, se ha de desterrar.

El ascetismo así prescrito excluye por derecho la sinuosidad egocéntrica de una piedad codiciosa. La santidad del Único, en toda su pureza exclusiva, sólo puede ser venerada reflejándose en quienes le rinden homenaje. No obstante, la austeridad de la trascendencia concuerda naturalmente con su extrema cercanía. En el corazón de la religión, el pacto de la Alianza funda, en una reciprocidad de atenciones, la existencia de un pueblo nuevo, «el pueblo de Dios», el pueblo elegido. En el corazón de la tierra prometida, el Templo da testimonio de una Presencia y de una comunión que simbolizan las imágenes proféticas del novio y la novia.

La paradoja siempre es la misma: lo más distante es también lo más cercano. El más allá de cualquier imagen se humaniza en el reflejo de la más tierna humanidad. Al Único que está allá en las alturas le corresponde el único de aquí abajo, porque la Revelación es una Palabra que demanda otra palabra. Ahora bien, por ambas partes, la Palabra se abre a un futuro que la verifica en una historia de amor.

En consecuencia, las tablas de la ley, por importantes que sean, no definen por sí solas el destino de Israel. El *logos* que se llamó *Decálogo* debe extenderse a un conjunto de «gestos» y sucesos que, a su modo, componen una especie de canto cuya versión poética, en la Biblia, es el Cantar de los Cantares.

5. La Revelación, con la venida del cristianismo, no tiene por qué cambiar de naturaleza. Siempre es palabra y acontecimiento. Al ser los dones de Dios, por lo que respecta a él, definitivos, no pueden darse dos alianzas. Pero ya hemos visto en los textos paulinos las dificultades con que se tropieza cuando uno intenta analizar la naturaleza del hecho cristiano con relación a Israel (Cfr. *supra*, p. 41 y ss.).

En el cristianismo, el punto delicado, como nos mostraba el encuentro con la Samaritana, es la comprensión de esa hora que, al parecer, pone fin no solamente a las religiones, sino también a la religión verdadera. Así pues, nos queda por pensar la relación que subsiste, sea como fuere, entre la fe en Cristo y el monoteísmo como religión verdadera, puesto que la «salvación procede de los judíos».

Nosotros ni podemos romper traumáticamente con la religión verdadera que nos transmitieron los Padres, ni contentarnos con un compromiso indigno. Lo cual equivale a preguntarnos de una forma más precisa qué tipo de vínculo permanece entre la Cruz de Cristo y el monoteísmo.

Tenemos entre manos dos imposibles: el olvidar de dónde venimos y el abandonar la Cruz de Cristo. Era la preocupación de San Pablo. Ahora bien, la palabra de la Cruz, como hemos visto, se sitúa más allá del judaísmo oficial y del helenismo de los filósofos. Si acordamos que la religión para el apóstol san Pablo, tal como la entreveía a través de las ilustraciones que poseía, se orienta, o bien al Dios de la sabiduría, o bien al Dios del poder, los dos importantes atributos que distinguen a la divinidad, la simple lógica ya no permite quedarnos con ninguno de esos dos aspectos como formas de lo religioso. Pero no se puede imponer, por otra parte, su superación. Así pues, ¿qué medio hay de hacer justicia a esos dos imposibles que acabamos de mentar?

6. La teología más usual y, antes que ella, la «Iglesia» resolvió el problema de la manera que ya sabemos. Al profundizar en los datos bíblicos, al *empujar*, si se puede hablar así, el nombre inefable del Dios oculto hacia el misterio de la intimidad divina, establecía una rica dogmática sancionada por la autoridad de los concilios ecuménicos. Los dogmas que enumeraban las verdades esenciales (Trinidad, Encarnación, Redención) entraron a formar parte en adelante del «depósito de la Revelación».

A su manera, y a despecho de su envoltura expresiva greco-filosófica, parecen ser el trasunto, considerado fiel, del Arca de la Alianza de otro tiempo. Israel, era previsible, jamás aceptaría tales prolegómenos, tan extraños por sus orígenes paganos, al «Nombre sobre todo nombre» en su irreductible rechazo de toda clase de aditivo.

Una dogmática tan valiosa y cada vez más rica con el paso de los siglos no se impuso sin un debate constante a favor de su reconocimiento. Cada uno de sus enunciados, en su formulación negativa, era una herejía a la que se condenaba como tal.

La Reforma, tan pendiente de la vuelta a sola la Escritura, no tuvo la audacia herética de cuestionar, a su luz, una buena cantidad de esas verdades. La teología de la Cruz que ella promovía frente a una teología de la Gloria hubiera debido realizar con su poder corrosivo una considerable reducción en ese dato pretendidamente primitivo.

La Cruz, en su juicio acerca del mundo y de las tradiciones humanas, propicia la sustracción con preferencia a la adición. Así y todo, la Reforma se mantuvo en lo esencial fiel a la tradición doctrinal de la Iglesia. Por eso, la pregunta vuelve a surgir: ¿cómo compaginar el poder negativo de la fe en la Cruz de Cristo y la religión en su abundancia florida que tiende al «siempre más»?

7. La respuesta que ofrezco se contiene en unas cuantas proposiciones.

- La fe es *de un orden diferente* al de la religión. Así nos lo enseñan las declaraciones de Jesús a la Samaritana y la escena del juicio final.
- La diferencia es de orientación: la religión se orienta a la Trascendencia según la infinidad de sus atributos infinitos. Y la Dogmática cristiana se mantiene en la misma lí-

nea: la revelación del Dios oculto explicita sus insospechadas riquezas.

- La fe va en sentido contrario. Pero no es un humanismo filantrópico. La relación de Cristo crucificado con los pobres de cualquier condición se resiste a ser reducida a los beneficios de una Cruz Roja. Pero nada dice respecto de la misteriosa esencia de la divinidad y de la religión como culto de adoración.
- Si así se conciben fe y religión en el seno del cristianismo gracias al sentido opuesto de las dos direcciones, el mantenimiento de la religión sólo puede explicarse como fidelidad al monoteísmo. Ahora bien, el monoteísmo que heredamos de Israel se presenta bajo dos aspectos que no hay que confundir: por un lado, el ascetismo del nombre impronunciable que no admite ninguna adición; por el otro, y a despecho de una austeridad bastante cercana a la teología negativa, la proliferación en la Biblia de nombres divinos que no son de pura relación. ¿Cómo negar, por ejemplo, el acento inevitablemente personal de la palabra divina? Ahora bien, el cristianismo no ha hecho en su dogmática más que ampliar, creemos, con el permiso del Dios oculto, lo que dejaban entender las diversas nominaciones del Dios único y personal. Unicidad de excelencia que no podía dar lugar, en toda lógica, más que a la riqueza de *su explicitación*.
- El Dios de la fe, que es el Dios de la Cruz, está más allá de la religión, como lo está, y por las mismas razones, de una teología de la eminencia que representa su traducción erudita respecto de los nombres divinos. Entonces, podríamos pensar en la incompatibilidad de los dos lenguajes. El primero, bajo el signo de la adición, y el segundo, bajo el de esa sustracción de la que se dijo que era «la más divina». En realidad, las cosas son más complicadas.

8. Para mostrarlo, me contento con un solo ejemplo. El neoplatonismo, tan austero en las afirmaciones concernientes al Principio, no deja de recurrir a apelaciones que pueden considerarse tomadas de una teología de la eminencia. ¿A qué viene este recurso? El motivo puede ser éste: el Principio, al que se le puede llamar «nada increada» o «nada por excelencia», no puede menos que liberar –por el mismo hecho de esa excelencia sin parangón con la nada banal como ausencia de todo– la enumeración de atributos y perfecciones que despliega la otra teología. ¿Es imposible evitarlo? ¿No es una incoherencia?

Plotino suaviza de inmediato la aparente imprudencia con un arrepentimiento: «Es necesario prescindir de esas invocaciones si, al hablar de Aquél, las utilizamos a título de indicación, aunque no pretendamos emplearlas con todo rigor; por tanto, que se tomen anteponiéndole a cada una de ellas un *como si (oion)*»[3].

Al tratar de la teología de la Cruz nos apropiaríamos con gusto de ese arrepentimiento de Plotino. Pero añadiendo que no podemos por menos de apoyar esa austera teología con un lenguaje cuyo fervor religioso se derrama en una gloriosa exuberancia. «La Cruz gloriosa» no es tal por obra nuestra. Pero, al alzarnos hasta ella –a ejemplo de Pablo, que no conoce más gloria que su unión con el Crucificado (Gálatas 6, 14)–, volvemos a verter en ella, al implorar perdón, lo mejor de lo que nos convierte en signo en la tierra y en el cielo. Dentro de estos límites, y a despecho de nuestras reticencias, es posible y necesario *unir a la desnudez mortificante de la fe una religión sincera de la Cruz.*

La distinción de las dos instancias no queda disminuida por estas observaciones. En adelante, conviene dejar claro que la teología de la Cruz, poniendo el acento en la diferencia, es un camino que se ofrece a todos y en el que cada uno puede encontrar lo que el Evangelio llama la salvación.

[3] *Enéadas* VI, 8.13.47-50. Traducción de Bréhier ligeramente modificada.

La Cruz y la Vía

El lenguaje de la vía no es originalidad cristiana. En el extremo Oriente, no existe otra cuestión que la vía, sea cual fuere el nombre que se le dé. La sabiduría se define como una vía; sabiduría de la que algunos esperan, hoy, que congregue en una amplia unidad a quienes las religiones o filosofías no cesan de dividir.

1. Para abordar la cuestión, conviene que nos apoyemos en un episodio del Evangelio. Jesús, en el último encuentro, para serenar a los discípulos por su partida próxima, les dice:

> Volveré a llevaros conmigo, para que estéis donde yo estoy. Y sabéis el camino para ir a donde yo voy. Le dice Tomás: Señor, no sabemos adónde vas, ¿cómo podemos conocer el camino? Le dice Jesús: Yo soy el camino, la verdad y la vida (Juan 14, 3-6).

En primer lugar, el Maestro no es quien dice, con la autoridad del que sabe o de los que saben, lo que él es. Las cuestiones que plantea y se plantea tienen que ver con la vía. Ésa es su función: mostrar el camino. Su índice, por tanto, no señala objetivos delante o alrededor de él. Él, ante todo, es señal de una ruta a seguir. La pregunta que presupone y no puede dejar de hacer está bajo el signo del adverbio *¿Dónde?* ¿Adónde ir?

Esta pregunta, lo mismo que el adverbio definidor de su sentido (*pou* en griego y *ubi* en latín), no parece haber preocupado en demasía a las filósofos. En su tabla de categorías, Aristóteles y sus comentadores le dan muy poco relieve. La encontramos en los márgenes de la tabla cuyo centro está ocupado por la sustancia, aureolada por sus satélites categoriales: cantidad y cualidad. Figura muy tímidamente en el cercano arrabal de la relación, como si fuera una especie auxiliar y casi fantasmal. ¿De dónde le viene ese carácter recesivo?[4].

[4] Lo que es mínimo desde un punto de vista filosófico (la categoría *lugar*), en el Evangelio tiene una importancia extrema y una dignidad sin precedentes. Existe una primacía del *adónde* sobre el *quién* o el *qué*.

Ahora bien, antes de responder a la pregunta, hay que tener en cuenta que ese ser disminuido, que no se granjeó los honores de los filósofos, no deja de estar presente, aunque no aparezca su nombre, en el *Poema* de Parménides, texto fundador, si lo fue, de nuestra tradición filosófica. La diosa que guía al filósofo-poeta inspira claramente su lenguaje. Allí se habla de vía, más exactamente de dos vías, ni más ni menos. La primera vía, la del no-ser, lleva al hombre a su perdición. La segunda vía, la del ser, lo lleva a su salvación total.

¿Es que el *ser* y el *no-ser* tuvieron, en el origen o casi-origen, un significado soteriológico afín al de los *misterios* que, en esa época presocrática griega, congregaban a las comunidades de Tracia y Eleusis en torno al problema de la salvación? Es verosímil.

Pero no parece que Parménides se atuviera a ese significado más directamente humano por humanamente vital. La primacía del ser-esfera que se desarrolla después del poema disminuye su importancia. Se interpretó, no sin motivo, como el primer documento ontológico. En nuestros días, me pregunto si un destino opuesto no está orientando la reflexión del ser a un equivalente soteriológico de la ontología.

2. Es lícito sospechar que una situación análoga puede observarse en el mismo cristianismo. También aquí se partió de la vía, de la que más adelante diré por qué es la vía de la fe. Pero las preocupaciones ontológicas muy pronto atemperaron, si no asfixiaron, lo que fue el primer interés. La Revelación del misterio como salvación, en los teólogos que afrontaban con la filosofía griega la elaboración de los dogmas conciliares, derivó en una ontología teológica que, más tarde, tuvo su repercusión en los grandes sistemas del siglo XIII.

Hoy, en teología y espiritualidad, parece perfilarse un movimiento de vuelta del misterio en sí mismo, en cuanto ser, en vez de centrarse en el misterio como vía de salvación. Lo podemos interpretar como abandono de la filosofía en favor de la sabiduría. Sólo son unas sugerencias discutibles. Es todavía pronto para tomar una decisión razonable al respecto.

3. En la medida en que la vía responde a la pregunta *dónde*, conviene desde ahora discernir las dos posibles exégesis del adverbio de lugar. Se distingue un primer sentido: lugar circunscriptivo, bastante claro en las expresiones *dónde estoy, dónde permanecer* y también en los verbos *encontrarse* y *habitar*. En cambio, cuando pregunto *adónde vais*, el adverbio denota dirección y movimiento. ¿Qué relación existe entre ambos sentidos?

Si los contraponemos y hablamos, por ejemplo, de estática y dinámica o de inmovilidad y movimiento, estamos emitiendo un juicio precipitado. En el texto evangélico recién citado los dos significados están claramente identificados, para indicar la diferencia, sin necesidad de recurrir a la contrariedad o contradicción. Como el tema que debatimos tiene una innegable importancia, conviene detenernos en él.

El indicativo de lugar, donde aparece y se repite con toda propiedad, está en uno de los primeros relatos joánicos.

> Al día siguiente estaba Juan con dos de sus discípulos. Viendo pasar a Jesús, dice: «Ahí está el cordero de Dios». Se lo oyeron decir los discípulos y siguieron a Jesús. Jesús se volvió y, al ver que lo seguían, les dice: «¿Qué buscáis?». Respondieron: «Rabí (que significa maestro), ¿dónde resides?». Les dice: «Venid y ved». Fueron, pues, vieron dónde residía y se quedaron con él aquel día. Eran las cuatro de la tarde (Juan 1, 35-39).

Reproduzco exactamente en todos sus detalles un texto significativo que tiene el encanto de un cuento y la simplicidad de lo cotidiano. Nada en él es indiferente, a pesar de su apariencia de ingenuidad. Las indicaciones cronológicas: «al día siguiente», «eran las cuatro de la tarde», no han de tomarse como si se tratara de un uso exacto del calendario y del reloj en una agenda de asuntos urgentes. Muestran el trasfondo neutro en el que resalta lo inédito de un futuro o bien la hora maravillosa en la que al fin llega lo que no podía preverse. Lo que se nos describe, por tanto, es lo que se llama *encuentro* en un lenguaje ordinario que las más de las veces utiliza este término borrándole su relieve de singularidad.

4. La descripción subsiguiente no echa mano de expresiones prosaicas del estilo de «ocurre que», «sucede que», etc. Al contrario, aquel encuentro, como tal, no puede expresarse sino al calor del entusiasmo. Más exactamente, ese encuentro, en el metalenguaje que lo expresara, ¿debería adoptar el tono de un relato que contara el caso de dos esclavos que se encontrasen en el ágora ese mismo día y a la misma hora, es decir, como un hecho de azar, de relación externa, de coincidencia o de coexistencia?

Pero, en realidad, eso no sería un *encuentro*. Éste no tiene ninguno de los rasgos que acaban de señalarse. Y el mejor indicio de ello es que el encuentro, por fortuito que sea para el profano, responde, y responde en lo profundo, a una demanda o a una búsqueda intensa: *¿Qué buscáis?* No es casual que una de las primeras preguntas que aparecen en el Evangelio de Juan sea precisamente ésa.

No existe encuentro –con la gratuidad que le atribuimos, con el carácter de gracia, con el improbable y vivo estupor que suscita– sin una motivación interna de «demanda». Efectivamente, sin previa «demanda» o búsqueda, sólo se pueden dar hechos, puras coincidencias, como la casualidad de que en el bosque virgen un cocodrilo y una distraída libélula compartan el mismo sendero. En este sentido, la primera proposición del *Tractatus* de Wittgenstein se podría traducir: «El mundo es todo lo que acontece al caeros encima».

5. No se puede comprender la sabiduría como vía sin el fenómeno del encuentro. Ya se trate de Jesús, de Confucio o de Buda, la vía que ofrece el «maestro» siempre se perfila en esa gratuidad original. Jesús es el Maestro. ¿Cómo se puede entender este venerable calificativo cuya peligrosidad él no desconocía?

Hoy abundan los profesores. No siempre para nuestro bien. Pero sucede que, en la sombría monotonía, destaca un modo nuevo de «enseñar». ¿Qué es, en realidad, el maestro cuando lo distinguimos del «doctor» o del «profesor»? ¿En qué está su novedad?

El Evangelio nos dice de Jesús que hablaba con autoridad, y que esa autoridad marcaba la diferencia. Se puede, en efecto, «transmitir la totalidad» de lo que se expone o enseña según un programa concreto. Pero el maestro se aleja hasta de las tradiciones más sagradas. Su autoridad aumenta con la distancia que crea. Y entonces se afirma: «Jamás se ha oído una cosa igual».

Pero el maestro no es sólo el hombre que crea «distancia». El maestro, en segundo lugar, es quien enseña el camino. Pero el maestro tal vez, y la escena evangélica lo insinúa, es, además y ante todo, un lugar, un alto lugar, un *allí* de una hondura casi musical. «Maestro, ¿dónde habitas?»

El enigma que representa el maestro, como respuesta a quien busca una morada, indica a éste profundidad de ser, de silencio, de novedad y de paz, como si se encontrase de repente en el día primero del mundo. La tarea fundamental del maestro, y pido perdón por ser tan reiterativo, no pertenece a la categoría del *hacer* y de sus complementos directos.

Actuar es más radical que *hacer* (Cfr. *supra*, p. 62). Su función se muestra en el *cero* de la suma o en el *uno* de la multiplicación, indicando con ello que para nada altera al factor que le acompaña. Por eso también recibe el nombre de *neutro* o *indiferente* en la terminología inglesa. Porque el acto de *morar* no se añade a nada, propiamente hablando. Precede natural, no temporalmente, a todos los pasos del *hacer*, sin que tenga que alterarlos.

Según la categoría de la sabiduría, la pregunta *dónde habitar* se convierte de esta manera en la cuestión fundamental. Fuera del cristianismo, sería fácil reparar en sus equivalentes. Por ejemplo, parece que Confucio le atribuía al cielo la función de ser el lugar esencial donde se habita. Encima de nuestras cabezas, en ese azul al que se entrega el alma china, es donde ésta alcanza la fuerza de su indiferencia; y lo hace como si ese abandono, que nada tiene de axioma de pereza, fuera la principal y decisiva libertad.

Tal vez, para nuestro activismo occidental, estas palabras más que extrañas sean peligrosas al máximo, ya que parecen irremediablemente desmovilizadoras. El prestigio del *hacer* impide su saludable eco, que ayuda a comprender un poco la difusión del budismo en nuestros países. Tarde o temprano, habrá que rendirse a la evidencia si es que el viejo Occidente quiere todavía subsistir. La clásica oposición del Uno y lo Múltiple, algo debilitada por sus implicaciones académicas, podría volver a encontrar en esa luz de Oriente un inesperado nuevo atractivo.

6. Según la otra versión, la pregunta *adónde* en la expresión *adónde ir* nos trae la imagen de la ruta. Cimentados en lo permanente se engranan los pasos de un recorrido. Pero ¿adónde ir? Los actos son sólo medios. Nunca cuentan en sí mismos. Están penetrados por un «ser-hacia» que los aparta y transporta. La pregunta es insistente: ¿hacia dónde se encaminan?

Planear un movimiento, de alguna manera, es acabarlo, o sea, fijarle un fin en la doble acepción de la palabra *fin*: lo que orienta y da sentido al movimiento y lo que, además, lo lleva a cabo. De donde nace una nueva pregunta: ¿dónde acaba el acto o los actos del camino? Y, ante todo, ¿qué tipo de actos son?

No son, necesariamente, prácticas ascéticas. Podrían tener que ver con lo cotidiano de la existencia, pero de una existencia indisociable unida al dinamismo que la lleva más allá de sí misma. Lo importante no es la calidad aristocrática de sus contenidos, sino el espíritu que los anima.

En el caso que nos ocupa, ese espíritu no es otro que el *morar* que involucra a todos ellos. Gracias a ese espíritu que acompaña a toda acción, el alma nunca es esclava de lo que hace, pues en ella existe la referencia «celeste» que le impide «apegarse a las cosas» o el «quedar deslumbrado por ellas».

Tal vez se replique a esto con la dificultad para compaginar las dos operaciones: el morar, por un lado, y la actividad diaria, por el otro. El sentido común, que no siempre es mal consejero, nos recuerda que no se puede ir tras dos liebres al mismo tiempo. Efectivamente no se ve con claridad cómo se puedan llevar a la par dos acciones cuyos objetivos sean independientes. La atención no se deja partir en dos mitades iguales.

Parece que el sabio de China o el cristiano espiritual nunca han tenido que pasar por una dificultad semejante. Saben aunar el cielo y la tierra sin ningún tipo de acrobacia, en un mismo movimiento. La explicación de un hecho que, para ellos, no tiene vuelta de hoja, no es un misterio. La experiencia diaria muestra que se pueden percibir a la vez el árbol en el que se fija la mirada y, en oblicuo, el trasfondo de monte o bosque en el que se destaca. Y no son necesarios, para ello, dos actos por separado.

Lo percibido forma parte, como tal, del paisaje en el que está encuadrado. El paso del primero al segundo no exige ni un razonamiento sutil, ni una intuición complementaria, ya que la lógica natural de lo percibido hace de él la forma en relieve de su soporte. Por su distinción entre la forma y el fondo *(Grund-Gestalt)*, la psicología de la forma tuvo el mérito de otorgar a estos hechos de la vida ordinaria un estatus experiencial.

7. El sabio de Oriente y la persona espiritual de Occidente, mucho antes que la susodicha psicología, conocían ya un secreto que, a decir verdad, no es uno. En efecto, tanto para el primero como para el segundo, nada hay tan obvio como ese ejercicio del fondo y la forma. La actividad diaria adquiere forma proyectada en el fondo indiferenciado de la permanencia. En él permanece ella, porque allí es donde arraiga. Sale de él y retorna continuamente a él. Todo el capítulo 15 de San Juan debería leerse en la perspectiva que ilustra la relación de la vid y los sarmientos.

A partir de este ejercicio, se comprende mejor lo que, en tiempo de la querella quietista, escandalizó a la gente devota, a saber, la «santa indiferencia». La persona espiritual o, si se prefiere, mística –si la asimilamos a la que ha alcanzado este nivel– no se cuidaba de su salvación. Se agarraba, por así decir, al esperar, porque la esperanza –*teologal*, claro– es una virtud muy interesada[5].

Al extremar el olvido de sí y del propio cuidado, la indiferencia espiritual se constituye así –cúspide del espíritu– como la perfecta expresión de la libertad. Pero hay que entenderla bien, ya que, de lo contrario, las diferencias consideradas esenciales parecen desaparecer o aflora algo equivalente a un estar «por encima del bien y del mal», que es expresión de la satisfacción sádica de anegar las diferencias en un océano de incalificable color gris.

La indiferencia sólo pretende acentuar el inevitable límite de su determinación: toda determinación entraña una negación (*omnis determinatio negatio*). Así, sin negar las singularidades a las que se apega nuestra acción, conviene ponerlas en relación de continuo con ese fondo de indeterminación por exceso del que son a un tiempo la punta del iceberg y el constante riesgo de olvidarlo.

El maestro Eckhart designaba ese total abandono de sí en la quietud del cielo con el término intraducible de *Gelassenheit*. La santa indiferencia del sabio y de la persona espiritual promete y promueve la honda satisfacción de morar «allí donde está tu tesoro», sobrepasando un mundo que se reedifica sin destruirse, afincado en aquello que lo sustenta.

8. *La imagen de la balanza*. Símbolo de la justicia en Occidente, la balanza puede, también, simbolizar la sabiduría como indiferencia. Las cualidades que se le exigen (justicia, fidelidad, sensibilidad) tienen su correlato en el alma del sabio y de la persona espiritual. Se dice de ésta que es justa cuando, de vacío o cargada de posibilidades de elección, permanece ecuánime en su «medio

[5] Existe otra concepción de la esperanza que apenas se presta a la objeción de interesada. Charles Péguy, en unas páginas muy conocidas, es su poeta.

divino». Se considera fiel si el indicador interno, sean cuales fueren las variaciones de sus opciones, sigue señalando el centro de referencia. Y, por último, se la considera sensible si sabe reaccionar ante una mínima diferencia capaz de desviar el sentido de la decisión.

Esta última consideración tiene su importancia. Efectivamente, no se debe equiparar –mediante un torpe sofisma– la indiferencia de principio, que es de rigor, con una especie de insensibilidad o de anorexia generalizada respecto a las formas de lo real. Lo múltiple tiene su seductora belleza. Sería absurdo confiar a la sabiduría o a la espiritualidad la triste misión de inficionar con un índice de isotermia universal la gracia multiforme del Cosmos.

La persona de espíritu que opina de todo no puede, por virtud, dedicarse afanosamente a confundir la gimnasia con la magnesia. Jesús, invitado a una boda en Caná de Galilea, distinguió sin ningún esfuerzo el agua del vino. Simple sentido común, se dirá. Pero son tantas las cosas que se cuentan a propósito de la sabiduría que a veces es bueno corregir el tiro.

A la pregunta *adónde nos lleva la vía* la respuesta sólo puede ésta: por los actos y movimientos que la recorren, la vía nos arraiga cada vez más en la santa indiferencia. Tal es su finalidad. El conjunto de los actos que aseguran el recorrido no tiene más función que verificar su eficacia. Este arraigo en el lugar en el que se mantiene uno lleva el bonito nombre de *libertad.* A esto y sólo a esto, como repetía San Pablo, tiende el camino de la sabiduría.

Pero esta libertad no se tiene en el momento de partir. Por eso comporta grados. El justo es invitado a hacerse cada vez más libre y el sabio, también. Nunca se llega al momento sublime en que, finalizada la tarea, sólo queda cruzarse de brazos. O sea, que la plena libertad no es sino una aspiración utópica[6].

[6] Éste es, en el Evangelio, el sentido del imperativo paradójico: «Sed perfectos como vuestro Padre celestial es perfecto».

Por eso mismo este imposible tiene su razón de ser en la vida: por su capacidad de propulsión. Nos indica el sentido de la marcha. La longitud del paso es cosa de cada uno. Y lo esencial es, en cada paso, la permanencia fundamental en ese ámbito de libertad que nos permite, al tiempo que se domina el mundo, no ser ya esclavos de lo que existe.

El camino de la Cruz

Si la sabiduría, a diferencia de las especulaciones filosóficas, es un camino, la sabiduría «crística» tiene que definirse, en su originalidad cristiana, como un camino de cruz. Los textos evangélicos son claramente imperativos: «Quien quiera seguirme que se niegue a sí, cargue con su cruz y me siga. Quien se empeñe en salvar la vida la perderá; quien pierda la vida por mí la alcanzará» (Mateo 16, 24-26; Lucas 9, 23-24).

Surgen numerosas preguntas respecto de esto: ¿qué es seguir a Jesús tomando la propia cruz? ¿Qué relación existe entre el camino y la vida? ¿Entre la vía y la verdad?

1. Seguir a Jesús es, por tanto, participar de la cruz y hacer propia su virtud. Pero no todo es tan simple, hay temas involucrados que piden un examen detallado.

Seguir, imitar, participar. Estos tres verbos no son sinónimos, aunque coinciden en transmitir algo común, un tanto genérico, que tiene que ver con el actuar y con el morar.

El seguir, a primera vista, apenas estimula. El sustantivo *seguidor*, en su acepción figurada, denota pobreza de espíritu de quien existe sólo con relación a otro tras el cual se marcha. Tal dejación de responsabilidad es casi tanto como renunciar al propio existir. Si ésta fuera la originalidad del cristianismo, lo menos que se podría decir de él es que carece de originalidad por completo. En vez de incitar a la aventura del viaje, fomenta la inercia de la repetición.

El verbo *imitar* trae enseguida a la memoria del cristiano medianamente instruido la *Imitación de Cristo* medieval que algunos han valorado como una obra cumbre de la literatura cristiana. La imitación implica una actividad de la que el seguidor es incapaz. Pero se mantiene dentro del círculo, considerado vicioso, de la repetición.

Respecto a la *participación,* que sugiere al cristiano un compromiso más personal, en la actualidad suscita también reticencias, pues, sin remontarse a Platón, recuerda lo que podría ser una conducta fusional en la que, con toda seguridad, desaparece el individuo. El contexto que enmarca las declaraciones evangélicas tampoco permite una interpretación de más actualidad. Su valor interpelante se desvanece si prestamos oído a las voces de la modernidad.

2. Conviene desconfiar de estas afirmaciones apodícticas que, en nombre del paso del tiempo, justifican el olvido o declaran irrelevantes algunas cuestiones que dicen que están superadas. Lo que ya no interesa al filósofo, tampoco a la sabiduría. Sea cual sea el astro que presida su nacimiento, la sabiduría es, ante todo, el camino que señala el sabio que lo ha recorrido y cuyo índice sigue mostrando la vía. El discípulo o, más exactamente, quien está *junto al maestro* y desea quedarse donde él habita, sólo sigue sus pasos para acceder a lo que se perfila en lontananza como suprema libertad.

El maestro, a decir verdad, no enseña. Él es lo contrario al docente en su faceta de profesor. Éste se esfuerza por demostrar. Aquél otro, su otro, se contenta con mostrar. A quien se le acerca ya sabemos qué le pregunta: «¿Qué buscáis?». La respuesta del futuro aprendiz es la más pertinente: «Maestro, ¿dónde vives?». Esta pregunta que encamina, enfila al discípulo en la buena dirección, nada tiene que ver con el ser de lo existente, sino con «ser o no ser» *como cristiano.* En todo caso, se le podría reprochar que es una pregunta un tanto individualista, de alguien un poco centrado en sí mismo.

Seguir, imitar, participar, por tanto, no manifiestan un estatus de esclavo o seguidor. Estos verbos nos transmiten la llamada a una liberación posible de la esclavitud que conllevan las tradiciones demasiado humanas y de aquella otra servidumbre que se ha hecho carne en cada uno de nosotros. Estos vocablos no son otra cosa que la lejana voz de una libertad digna de tal nombre.

3. La libertad ideal que llena de encanto la vía no se nombra como tal. Se espera su nombre, pero éste no figura en el texto que comentamos. ¿A qué se debe esta ausencia?

Tal vez a que el término pueda suscitar falsas interpretaciones en esos espíritus más interesados en los asuntos exteriores, de fuera (gestión de lo cotidiano y de la «propia casa» como propiedad privada o territorio inviolable), que en el *sí mismo* que corre peligro de ser olvidado en nuestras decisiones casi siempre superficiales.

En el lugar de la palabra *libertad*, nosotros leemos *vida*, la *vida*. Da la impresión de que la vida es más honda que la eventualidad de nuestras opciones, que está más cerca del nacimiento y de ese otro nacimiento prometido al «hombre nuevo». Sin embargo, no me gustaría contraponer vida y libertad como si fueran dos realidades opuestas, imposibles de conciliar. Para dirimir este conflicto, basta con no identificar libertad y libre arbitrio con indiferencia.

La vida profunda –es decir, el actuar en cuanto «mora» o permanece en el principio– se sitúa más allá de las cuestiones prácticas de una elección entre esto o aquello, entre hacer o dejar de hacer. Pues esa capacidad de elección brota de un movimiento profundo de la voluntad hacia el bien universal[7], hacia ese lugar donde el alma se aposenta («mora») antes de cualquier decisión y que nos recuerda continuamente la sabiduría del maestro.

[7] La distinción tomista entre la voluntad como naturaleza o movimiento de la intimidad y la voluntad como razón deliberante expresa esta diferencia entre libertad y libre arbitrio.

Por diferentes que sean los contextos, la sabiduría, tanto en Oriente como en Occidente, tiene como misión despertarnos a ese algo esencial siempre amenazado por un sueño de olvido e inercia. La conversión consiste en esto, en un tránsito del sueño, donde se enreda el hombre viejo, a la mañana del mundo y del hombre nuevo. Es un paso difícil que exige abnegación y muerte de sí mismo.

La imagen evangélica del grano de trigo que ha de morir para dar fruto anuncia la relación Pasión-Resurrección en los textos neotestamentarios. El camino de cruz, en el seguimiento de Cristo, no dice otra cosa. Habla de la dureza del tránsito y de la necesidad del tiempo del aguante y de la paciencia consigo mismo, para que se haga la luz.

El problema de la verdad.
Ciencia, sabiduría, revelación

Nos queda por meditar el significado de la palabra *verdad,* que figura, en nuestro ternario, en el segundo lugar entre *camino* y *vida*. Jesús afirma:

> Yo he venido al mundo para atestiguar la verdad. Quien está por la verdad escucha mi voz. Le dice Pilato: ¿Qué es la verdad? (Juan 18, 37-38).

El diálogo introduce un término tan sagrado como problemático por su doble relación con la solemnidad del testimonio y con una interminable discusión. En este contexto se enfrentan, por una parte, ciencia y sabiduría y, por otra, ciencia y revelación.

1. Por comenzar por el binomio ciencia y sabiduría, podríamos abordarlo atendiendo a una diferencia en el planteamiento. Ni que decir tiene que la sabiduría prescinde de toda pregunta. Pero, por lo menos, en el momento del encuentro entre Jesús y sus discípulos, lo primero que escuchan ellos es un interrogante. Jesús les pregunta: «¿Qué buscáis?». Y los dos discípulos le responden con otra pregunta: «Maestro, ¿dónde habitas?». La cuestión nace de una búsqueda, y la búsqueda aspira a una realidad que no brilla como una evidencia.

La búsqueda, según los casos, se orienta de forma diferente. El tipo de interrogación marca la diferencia. Una cosa es preguntar *dónde* (por el lugar donde se habita) o *adónde* (por el lugar al que uno se dirige), y otra bien distinta la pregunta *qué es* o *qué hay*, cuyo interés se centra en *lo que es*, en su existencia y en su naturaleza. Los dos tipos de preguntas se reparten el sentido de la verdad y permiten responder, de alguna manera, a la cuestión más radical formulada por Pilato: «¿Qué es la verdad?».

Habría que distinguir, entonces, dos géneros de verdad conforme a los dos tipos de preguntas. Para ser breve, y aun a riesgo de utilizar una terminología discutible, voy a hablar de dos verdades: la *hodológica* y la *ontológica*.

La primera concierne al problema del camino y del camino verdadero. Sostengo que esta vía concreta es una vía verdadera si sirve para lo que fue construida. Por definición suponemos que todo camino debe llevar a alguna parte. Un camino que llevara a ninguna parte podría ser interesante como título literario o musical, o para especular sobre la nulidad, pero está tan lejos de la realidad que no merece, en la práctica, ninguna atención.

Lo mismo que su calificativo, la verdad ontológica hace referencia al ser de las cosas según la doble interrogación: *¿es?* y *¿qué es?* De antemano se supone que la cosa no tiene que estar oculta en un impenetrable en-sí. Es necesario que se manifieste o revele. Esta necesaria posibilidad es lo que se ha convenido en llamar verdad fundamental. Con esta verdad fundamental concuerda la instancia humana que responde con su propia apertura a la apertura de la cosa. La verdad del conocimiento humano se apoya en esos dos preámbulos.

2. La *verdad hodológica* es la verdad de la que se ocupa la sabiduría, puesto que la sabiduría muestra la vía. Pero, como la vía conduce –sea como fuere– a un principio-lugar que es anterior a ella, se podría afirmar de ese lugar-principio que, como preámbulo, funda la verdad hodológica. El *morar* como simple actuar, y no el hacer, atestigua ese preámbulo. El Maestro le rinde homenaje, porque allí, antes que el discípulo, es donde él mora.

Los discípulos, a su vez, tienen que rendir homenaje a esa verdad fundante. Pero, si allí descansa realmente el corazón, ¿cómo evitar la sospecha de que el *morar* como actuar fundamental, como lugar original referencial, en vez de ensalzar la vida o la libertad, esté quizá revelando un situación de fatiga, una necesidad de reposo y, por eso mismo, una disminución de energía, en síntesis, ausencia de ese «coraje de ser» que es nuestra principal dignidad?

Sorprende esta crítica si recordamos que la vía de la sabiduría es cualquier otra cosa menos un principio de pereza. Es vigilancia en cada instante, sostenida por el ascetismo de una abnegación que apenas fomenta la supuesta indolencia. No obstante, reconocemos que la cuestión tácita que contiene la crítica hace referencia al motivo que se aduce para apelar a un más allá de lo humano, al que se le llama «cielo» o cualquier otro nombre.

¿Cómo justificar este preámbulo de una verdad fundante a la que se subordina la verdad hodológica? El sabio no responde, porque esa realidad original que él invoca rechaza toda demostración en virtud de su radicalidad.

Nos encontramos de esta manera en el punto de intersección de lo místico y de lo metafísico. Nuestro deseo sería que se hiciera de él, como en la Edad Media, una cuestión disputada elaborada según nuestras exigencias actuales. No sería ajena al problema del origen, previo a cualquier religión, de lo que convendría llamar «el ser religioso».

3. Se añade un nuevo problema al anterior si nos preguntamos acerca de la relación existente entre la pregunta hodológica *dónde* y la ontológica *qué es*, precedida de la pregunta *quién es*.

Los primeros discípulos de Cristo, de entrada, esperaban una respuesta a su pregunta *¿dónde moras, Maestro?* Pero éste, sospechando quizá en ellos la existencia de una preocupación, se adelanta y les plantea otra cuestión: «¿Quién dice la gente que es este Hombre? (...) Y vosotros ¿quién decís que soy yo?» (Mateo 16, 13 s.). La profunda familiaridad vivida junto a Jesús respondía con creces a su pregunta: «¿Dónde resides?».

Llega el momento de una cierta madurez en que lo hodológico exige de alguna manera lo ontológico. La pregunta ya no recae sólo sobre el lugar-principio donde se permanece. Cierto, se quiere saber *quién* es el Maestro y *qué es*. Y, más allá del Maestro, qué es ese lugar-principio que designa, en el Evangelio, el nombre tan humano de Padre. Surge entonces la cuestión ontológica: ¿qué es, en realidad, el Padre?

Nosotros lo nombramos. Pero su nombre es sólo el rostro vuelto hacia nosotros de una instancia que supera por todos los lados a nuestro pensamiento humano. No hay duda de que él es el origen del Maestro, el cual toma el nombre de hijo. Pero, desde el hijo, desde las representaciones que lo acoplan a una función de presencia, el Padre-Origen queda oculto en un silencio por encima –y mucho más– de cuanto se pueda decir. La cuestión ontológica resulta impertinente.

La devoción al silencio del Padre en los primeros siglos del cristianismo, con relación a esto, está llena de enseñanzas. Impregna la tradición del «Dios desconocido» al que, según San Pablo, se le había dedicado un altar en Atenas. El apóstol, por la gracia de Cristo crucificado, nos muestra un Dios «más allá de la sabiduría y el poder», más allá de los atributos principales que hasta entonces constituían el ser de la divinidad.

Pablo, a su manera y sin saberlo, formula un equivalente del «más allá platónico del ser y la esencia». No por eso la cuestión ontológica es menos exigente. Ahora bien, en Oriente, más aún que en Occidente, la vía de la sabiduría, pasando por encima de su insistencia, le contrapone una indeterminación por exceso, un más allá del ser y de sus cuestiones, donde permanece la finitud de nuestras determinaciones.

4. La sabiduría de la Cruz y, en general, de toda vía de sabiduría, no es una ciencia. La posibilidad de constituirse en un saber de «lo que es y de su ser» hubiese contradicho su condición de referencia situada «más allá del ser». No por eso la cuestión ontológica resulta menos excitante.

El *nirvana*, en la India, no ha dejado de suscitar las cuestiones que él invalida. El paso espontáneo de lo hodológico a lo ontológico explica su supervivencia. Esta supervivencia encuentra su justificación en la excelencia de ese «hacia qué» tiende y qué presupone la vía de la sabiduría. La presión del superlativo de perfección es tal que San Pablo, después de haber afirmado tan claramente el más allá de la sabiduría y el poder, le restituye su *nec plus ultra* unos versículos más adelante:

> Porque los judíos piden señales, los griegos buscan sabiduría, mientras que nosotros anunciamos un Mesías crucificado, para los judíos escándalo, para los paganos locura; pero para los llamados, judíos y griegos, un Mesías que es fuerza de Dios y sabiduría de Dios (1 Corintios 1, 22-23).

No es incoherencia por su parte. ¿Cómo expresar si no la excelencia de lo que os entusiasma sino es mediante unos atributos de perfección en el grado sumo de su intensidad? La reacción crítica de Plotino pidiendo perdón por su imprudencia y matizando con un *como si* todos los calificativos en uso (cfr. *supra*, p. 83) tiene un valor de ejemplaridad.

5. ¿Qué hay de la Revelación, en su acepción más clásica, dentro del cristianismo? Tal como ella fue formulada por los concilios llamados ecuménicos, y pensada o reformulada por la teología sistemática, no hay ninguna duda posible respecto de ella. Desde el lado del Dios-causa, la esencia misteriosa de la divinidad se abre al alma humana que, a lo sumo y sin llegar a ella por sus solas fuerzas, aspira a ella en la impotencia de un deseo de lo sobrenatural.

El misterio, es cierto, nunca es plenitud de luz. Pero, en sustancia como en esperanza, lo esencial ya está ahí, en el dato revelado que se le ofrece a nuestra fe. A despecho de la distinción entre «fe y saber», conviene reconocer el carácter eminentemente «cognitivo» de esta fe. Y aunque ésta supere el orden racional y por este dato no pueda reivindicar el título de ciencia, eso no impide que la Revelación confiera a la fe el privilegio de «un saber de las intimidades de Dios». Aunque imperfecta, no deja por eso de tender a la visión beatífica. Por su «ya» como por su «todavía no», es «conocimiento de la esencia».

Ahora bien, este aumento de saber, aunque se apoya en la Escritura y en la tradición que lo interpreta, se ha enriquecido considerablemente gracias a las categorías filosóficas. Para convencernos de esto, basta acudir a las definiciones dogmáticas. El pacto suscrito entre dogma y metafísica ha permitido a la teología el constituirse en una verdadera ciencia, al menos desde la perspectiva del tomismo.

La filosofía, a su vez, reivindicaba el título de sabiduría. Pero como esta sabiduría era superior a cualquier saber parcial por el «conocimiento de las causas más elevadas», no sorprendió que la filosofía entendida así se convirtiera, en cuanto metafísica, en la más elevada de las ciencias, la ciencia suprema. Aunque, en el tiempo del estoicismo o del neoplatonismo, tuvo la tentación de convertirse en espiritualidad, no parece que la ambición de saber fuera separable de su primer designio.

¿Qué podemos concluir de estos antecedentes históricos respecto de la Revelación? En mi opinión, la Revelación en contexto cristiano puede entenderse de dos maneras: como sabiduría o como saber.

Como sabiduría, es una vía. La vía de la Cruz tal como Pablo la propone. No tiene nada de saber, porque primeramente es un modo de proceder en el seguimiento del Crucificado. La Revelación como saber, digámoslo otra vez, nos asoma a la intimidad de Dios. Es conocimiento del ser en cuanto ser del

Dios de la fe. Ontología de lo divino y, por eso, teología en sentido estricto.

¿Qué relación existe entre estas dos exégesis de la revelación? Valiéndonos de nuestras distinciones, la diferencia entre ambas dimensiones nos remite a aquella otra que establecíamos entre las preguntas *dónde* y *qué es*. La primera nos indica el lugar «donde se mora». La segunda abre al ser de Dios. Una es de carácter hodológico y la otra, ontológico. Una es teología de la Cruz y la otra, de la Gloria.

La relación entre las dos hermenéuticas es la que ya hemos explicitado. La pregunta *dónde* suscita tarde o temprano la pregunta *qué es*. De ahí el riesgo de convertir la hodología en ontología. El peligro es inevitable. Nosotros hemos recordado los motivos de esta coexistencia y la posibilidad de reducir el riesgo. No tenemos nada que añadir. Pero sigue en pie, en el horizonte más lejano, la pregunta que se adivina: ¿qué relación existe entre la fe cristiana y el contexto histórico en la actualidad?

4

Fe y religión en el mundo contemporáneo

En las precedentes consideraciones, no hemos visto la relación de la fe y la religión con la ciencia, según el significado preciso que damos a este sustantivo. Hemos retrasado a propósito su análisis. La ciencia que hoy se practica no tiene nada que ver con lo que, en la terminología antigua o medieval, se llamaba con este nombre. Es bueno considerarla en adelante no tanto en sí cuanto en el contexto histórico en que ejerce el papel de factor más decisivo. En efecto, ella, primeramente, y no la filosofía o la política, cuya importancia no se pone en cuestión, es la que ha cambiado la faz de nuestro mundo.

A este cambio se refiere el término *secularización*, una denominación vaga. No hay que confundir secularización y laicidad tal como, de manera casi ejemplar, la entendemos en Francia. En consecuencia, podemos prever cuál va a ser la reacción de la religión y la fe a estos dos elementos casi ambientales que constituyen la peculiaridad de nuestro tiempo.

La secularización

Por secularización entendemos tres cosas que conviene distinguir: un *hecho generalizado*, peculiar del Occidente cristiano, el conjunto de los *factores* responsables de su existencia y el nuevo *espíritu* resultante.

1. *Un hecho generalizado.* Lo mayoritario del hecho se detecta en una doble línea. Por una parte, afecta sin excepción a todos los países donde se vive lo que, a falta de más precisión, definimos con la expresión de *seducción occidental.* Por otra, este influjo no procede de una intención deliberada. Se asemeja a una inconsciente difusión que, tanto en las zonas más lejanas como en las próximas, ha llegado a crear una sensibilidad nueva y un sentido ordinario nuevo.

La extensión de esta sutil siembra no está delimitada por fronteras precisas. El espacio afectado está en constante expansión. Y su rápida propagación es tanto más intensa cuanto mayor es la distancia de los países afectados de la fuente occidental. Y no es cuestión, por otra parte, de un simple alejamiento geográfico. En África y en Asia, por no citar más que estos dos casos macroscópicos, la *seducción* ha conocido su nivel más alto. Podría explicarse el impacto así ocasionado por ser estas regiones las menos preparadas culturalmente para la invasión. La falta de preparación nos parece deberse a las distintas tradiciones que en esos ámbitos culturales tan diversos han formado la mentalidad de las poblaciones casi sin graves sacudidas.

Con respecto a la modalidad del influjo, no es posible expresarlo mejor que con el término *seducción.* Cierto, la educación y los libros que han propagado su contenido o lo han preparado tuvieron su importancia. Pero sólo son instrumentos al servicio de una causa. En su origen, un fenómeno de tal amplitud no se comprende sino por el atractivo de una novedad sin precedentes.

Sin deseo de recaer en explicaciones llamadas místicas, me atrevería, con relación a esto, a echar mano de la expresión aristotélica de carácter descriptivo: «motiva como un objeto amado» *(kinei os eroménon).* Por mucho que se desconfíe del mito y lo mítico, no por eso la atracción en el mundo cultural es menos válida que en el mundo físico. Lo masivo del fenómeno y su rápida difusión tienen como origen un entusiasmo análogo al de los exploradores españoles o portugueses ante la incursión en una tierra nueva. Tierra nueva, pero también y muy especialmente conversión a una nueva existencia que altera costumbres y tradiciones.

2. *La ciencia como hecho masivo.* Los rasgos que definen en abstracto la capacidad energética de un hecho masivo, los reconocemos, primeramente, en la ciencia en cuanto determinación de un cierto talante. Sin duda alguna, nosotros hablamos de *la ciencia,* a despecho del plural que exigiría una prudencia crítica. Lo real es que hay muchas disciplinas que se identifican con este título. Entre nosotros se ha admitido recientemente una distinción, para algunos desafortunada, entre ciencias llamadas *rigurosas* y los saberes *ligeros* a los que el apelativo misericordioso de *ciencias humanas* los redimía de su escasa importancia.

De todas formas, y sea cual fuere la susodicha diferencia, se observa, en todo lo que pretende en serio ser *científico,* la participación en un *espíritu común,* si se quiere un *espíritu objetivo,* derivado a mi juicio de las ciencias en sentido estricto, como la física y la biología. Este espíritu se refleja, sea cual fuere la originalidad de la disciplina y su método, en unos escrúpulos con una dominante ante todo negativa. La finalidad como sentido de los fenómenos se pone entre paréntesis, por decirlo rápida y brevemente.

Atendiendo a la armonía racional que liga la teología a la teleología, aquélla es objeto, entre los mismos teólogos, de un recelo que se confunde con el miedo a la ideología asociada a la ficción mitológica. Es inútil añadir que, en general, es preferible el plural de los orígenes al singular con mayúscula del Origen. Tampoco nos extraña la primacía de la exterioridad o de las «relaciones externas» conjugadas con la vuelta del caos y el azar invocados diversamente por el filósofo y el sabio.

Cuando se pone el acento en el artículo definido, *la ciencia* se presenta como el «universal concreto» existente y único. Impone, en efecto, un significado común muy compartido por los que saben y los que no saben. Además, las hazañas de la técnica, inseparables ya del saber, expanden a su vez la convicción de que el dominio humano de las cosas, aliviado de toda referencia teológica, afianza la explicación humana.

La secularización como fenómeno generalizado se funda en la adhesión de la mayoría a otro modo de ver el mundo como totalidad. La doble fascinación por la eficacia productora y por la economía de las causalidades en la búsqueda de una explicación acentúa, por otro lado, la recesión cultural del fenómeno religioso.

3. *La filosofía y sus luces*. Que la filosofía ha desempeñado, en el proceso de secularización, un papel nada despreciable, es algo que se acepta fácilmente. Seguidamente me propongo sopesar el impacto sin exagerar su importancia.

Una historia de la filosofía debe, primero, reconocerle a ésta la función crítica que le es propia. Esta crítica se practicó, particularmente, en Grecia sobre los contenidos religiosos como representaciones de ficción que ponen las divinidades a nuestro alcance con vistas a los múltiples beneficios que se esperaban de ellas. La filosofía ha combatido un sólido antropomorfismo, connatural al hombre, que sigue reproduciéndose en un antropomorfismo muy interesado. Así definía ella la diferencia fundamental entre la religión y la reflexión que se tenía por radical.

Esta diferencia se aclaró con la distinción aristotélica entre el *mythos* y el *logos*. El *mythos*, obra de la fantasía relativa a los orígenes y aventuras de los dioses, es, sobre todo, un cuento indefinidamente divulgado y consolidado en la tradición del «se dice», un dicho él mismo referido a un «decir» revelador.

El *logos* también es un *dicho* y un *decir*, pero un decir que explica y razona lo que dice. La tradición transmite sin exponer sus razones. El logos invoca un principio de razón que está en el origen de todos los racionalismos en calidad de críticas dirigidas a la religión. Desde este punto de vista, se establece una indiscutible connivencia entre el saber científico y el saber filosófico.

Esta connivencia, a mi juicio, ha tomado una doble dirección. En lo que se llama *metafísica* –una disciplina que se decía y se tenía por ciencia suprema– es fácil reparar una línea continua que daba a conocer al Supremo, al Ser en cuanto ser o Pensamiento puro. Se podía reconocer en él a lo que las religiones llamaban Dios. Las referencias tácitas o manifiestas al Dios cristiano no faltan en las filosofías clásicas. Estos hechos sólidamente establecidos hicieron posible el definir, según los términos de Heidegger, una «constitución onto-teológica de la metafísica», sea cual fuere la época considerada.

4. Existe, ciertamente, otra línea menos continua y más cercana a la ciencia tal como nosotros la concebimos actualmente. Ésta lleva un nombre que ha generado miedo: materialismo. Su decidido ateísmo no deja lugar a duda. Combatido o rechazado por los metafísicos, ha sido, en la historia de la filosofía, la crítica más terrible. En realidad, la metafísica –a excepción, hasta cierto punto, de la obra de Spinoza[1]– se mantiene en constante afinidad con lo que es preferible llamar «lo teológico», como expresión elaborada del fenómeno religioso. Pero el materialismo como tal remueve al mismo tiempo los fundamentos de la religión, de la teología y de la metafísica.

Aunque en el materialismo conviene distinguir dos versiones de él. La primera, cuyo representante principal es Engels, identifica la materia con la sustancia única del spinozismo y le confiere, con este sesgo, al materialismo una esencia metafísica. Y la otra es la postura del antiguo materialismo de Leucipo, de Demócrito y de Lucrecio y, además, del materialismo francés del siglo XVIII. Opuesto a una metafísica que pudiera presentarse como ciencia, reivindica los derechos del azar, del caos, de la contingencia y de la pura exterioridad en contra de la finalidad y el sentido providencial inmanente o trascendente a la naturaleza o a la historia.

[1] Louis Althusser ha sido, en el marxismo francés, el filósofo que más ha contribuido al renacimiento de un spinozismo muy próximo a las tesis materialistas. La alternativa Hegel o Spinoza es muy significativa. Remito respecto a este punto a la obra de Pierre Macherey, *Hegel ou Spinoza*, París, Maspero, 1979.

5. ¿Cuál ha sido el influjo de estas filosofías? En la Antigüedad griega y romana, el materialismo fue doctrina de un pequeño grupo. Fuera de él, su radio de acción sólo alcanza al grupo de filósofos que lo combaten y poco más. Y ahí se queda.

En el siglo de las Luces, el materialismo del barón D'Holbach, de Helvetius, de Diderot, de la misma *Enciclopedia*, no es sólo un asunto doctrinal. Abandera una causa sagrada, la causa de la libertad contra las tinieblas de una religión protegida, agradecida cómplice del poder de la monarquía. Por lo demás, los materialistas no son los únicos rebeldes. Forman parte del grupo más amplio de los «filósofos».

Se ha hablado demasiado del escaso relieve filosófico de estos «filósofos». Su nombre ha llegado a ser sinónimo de ligereza francesa, estimada incompatible con la profunda seriedad que en esa época, sin ninguna duda, era patrimonio de la filosofía alemana. La comparación habría sido aplastante, pero errónea, porque unos y otros no hablaban de lo mismo. Estos filósofos franceses, malditos aunque no poetas, no se interesaban por los conceptos de la filosofía profunda. Lo que a ellos les preocupaba era la idea de la libertad.

Ahora bien, la idea no es el concepto. La idea no depende del conocimiento sino de una causa válida en sí y por sí, en este sentido, conforme a la expresión consagrada: *causa sui*. La libertad era una aspiración difícil de llevar a cabo en las circunstancias de la época, pero que había que lograr al precio que fuera, no por la fuerza de una implicación lógica al modo del metafísico, sino por el coraje de un riesgo asumido.

Los ilustrados, dígase lo que se diga de ellos, prestigiaron la filosofía con una práctica que no separa la idea de la acción. Se merecen su nombre y se hicieron dignos de la filosofía. Antes que los políticos a los que dieron la idea, fueron los defensores de la libertad. A su manera, dieron vida a la filosofía, no en virtud de un argumento ontológico, sino por la eficacia de una acción consciente de su poder.

¿Puede apreciarse esta eficacia en términos de impacto en una población globalmente considerada? El materialismo antiguo, repitámoslo, se difundió poco. La filosofía no materialista gozó, por su crítica, de una irradiación más amplia. Pero, a la postre, su influencia se reducía a los límites de un pequeño grupo capaz de escucharla. En cambio, los filósofos de las Luces, en los distintos países en los que es constatable su influencia, supieron traspasar a las ideas que acariciaban la extraordinaria claridad de sus escritos. Pusieron en marcha una auténtica «oficina de propaganda».

Las múltiples ediciones, la buena acogida de los libreros, una cierta habilidad para escapar de la censura, les permitieron llegar a un público mucho más extenso. Pero, pensándolo bien, las Luces apenas influyeron en el pueblo analfabeto rural que entonces, en Francia, era prácticamente la nación entera. Fue necesario crear un ministerio de Instrucción Pública para que, por la mediación política, llegaran a todos las ideas de los filósofos.

Política, secularización, laicidad

1. Luego la secularización, gracias a la política, se convirtió en un fenómeno masivo. Por limitarnos a Francia, «la escuela para todos» que hemos conocido proporcionaba a las diversas clases de la nación lo que, hasta entonces, era privilegio de unos pocos. Al principio, se trataba de la terna elemental: leer, escribir y contar. Podía parecer poca cosa. Fue una auténtica revolución.

Por primera vez, la enseñanza salía de las iglesias y los claustros. Y algo aún más importante, transmitía lo esencial, no con las tradicionales «humanidades» envueltas en oraciones, sino con unos rudimentos del saber que despertaban silenciosamente en la gente joven el mismo espíritu de la ciencia. Sin necesidad de insistir en ello, la oposición creencia-saber fue inculcada por la escuela elemental con más profundidad que por los largos discursos de Marcellin Berthelot y Ernest Renan.

La simplicidad de un acto de cálculo se convirtió en profesión de increencia. Así es, por otra parte, como la secularización llegó a ser escuela de increencia. Por cierto, no como increencia militante o timbre de gloria y distinción, sino como promoción de una nueva evidencia. La convicción que inculcaba era muy consistente porque no necesitaba prueba alguna: caía de su peso. El tiempo de la ciencia anunciaba así el futuro de la increencia. No era, ciertamente, neutral en este tema.

2. Cuando la postura deja de ser hostil, una nueva actitud se abre paso entre nosotros y asume el nombre de *laicidad*. Habría mucho que decir acerca de este nuevo lenguaje. Para evitar las confusiones, conviene recordar, primero, que supone realizado el proceso de secularización o que, por lo menos, éste va por buen camino.

No obstante, puede admitirse que la laicidad se ha presentado más de una vez bajo apariencias molestas. Y esto no tanto por la eliminación de los distintivos religiosos en las escuelas, en los tribunales o en los ayuntamientos, cuanto por la educación típicamente anticlerical de los maestros dedicados a la enseñanza de primer grado.

En esta época, por lo demás, la oposición católica no era menos activa. De manera que se le puede aplicar a este sectarismo bipolar la ley de igualdad entre acción y reacción. Pero quedarse en estos incidentes más que reprobables a la hora de valorar la laicidad sería desconocer su verdadero significado en las circunstancias históricas que justificaban su existencia.

Desde hacía tiempo se sentía la necesidad de poner fin no sólo a la guerra de religiones sino también a las censuras y condenas. El caso Galileo ha quedado como símbolo de ese espíritu. La palabra decisiva que sintetiza esa común aspiración es *tolerancia*, por cierto, demasiado insulsa. Sí, insulsa. Efectivamente, sugiere variadas interpretaciones. Y eso que no aprobamos esa salida de tono que se atribuye a Paul Claudel: «¿La tolerancia? ¡Ah, sí! Para eso ya hay burdeles».

Sean cuales sean las razones en pro o en contra, la tolerancia hace referencia primeramente a una voluntad de paz, de orden político, pero no sólo de orden político. La tolerancia no quiere decir total indiferencia, aceptación de cualquier cosa. Más bien diríamos que se inclina a favor del respeto a las diferencias. Ahora bien, esas diferencias son precisamente las que los poderes religiosos y políticos rechazaban. El rechazo se justificaba por la verdad que se estimaba única, ya que la religión verdadera, caracterizada por el monoteísmo, estaba bajo el signo de la unicidad por excelencia.

La batalla por la tolerancia no tiene como meta la eliminación del valor «verdad», aceptado por todo saber y materializado en las mejores de sus avanzadillas. Persigue la confiscación llevada a cabo por una intransigencia indivisiblemente religiosa y política. Con respecto a esto, monoteísmo y monarquía son igualmente monistas y totalitarios. Identifican unidad y unicidad, unidad y uniformidad. La tolerancia, en su acepción más honda, se caracteriza por el combate contra esas letales confusiones.

3. La concepción francesa de la laicidad se asienta en las batallas por la libertad cuya memoria se complace en recordar. Si bien es heredera de ese pasado glorioso, también conlleva sus propias limitaciones que la acercan a un sectarismo que no ha sabido eludir. Dicho esto, a despecho de las vicisitudes de una historia que se escribe siempre con renglones torcidos, lo más urgente es respetar su esencia y significado dentro de una justa idea de la condición humana.

Desde este punto de vista que nos eleva por encima de las contingencias, la laicidad bien entendida se define como una actitud que no está tan lejos, como puede pensarse, de lo que quiso expresar el término *epokhé*, tomado por la fenomenología husserliana del antiguo escepticismo.

La *epokhé* no es ni tajante negación, ni nueva modalidad de la duda cartesiana. Inspirándome libremente en una extraordinaria fórmula de Louis Althusser, yo la definiría así: «el vacío de una distancia tomada». Además, se trataría de un «poder de distanciamiento» que no tiene nada en común con el horror de lo real.

Al contrario, el distanciamiento que nos permitimos, como lo consideró Husserl cuando hablaba de un «voto solemne de continencia», es una forma de ver las cosas tal como son, es decir, obviando nuestros prejuicios, nuestras precipitaciones y, más en general, nuestras apreciaciones, aunque en apariencia sean de lo más objetivas. Por tanto, el principio «no juzguéis» no es sino el preámbulo de un análisis que, primero de todo, es una vuelta a las cosas tal como son y con vistas a que aparezca, en un concepto tan transparente como posible, el ser mismo de lo que son.

La laicidad así explicada rima, como complemento de sinonimia, con la neutralidad. Lo *neutro* no quiere decir ni carne ni pescado, o intolerable tedio próximo a la náusea o al aburrimiento. Muestra un infinito respeto por la diversidad de lo real y, por tanto, una conciencia elevada de las diferencias, un agradecimiento hacia el don multiforme del ser en las mismas disonancias del universo.

La neutralidad laica tiene mala prensa en este o aquel ambiente católico como consecuencia de resentimiento provocado por las arbitrariedades de la historia reciente. Pero esto puede oscurecer lo esencial. La indiferencia no es sino la tapadera de la hostilidad. Por eso es imposible entenderse.

4. Quizá fuera necesario extremar la reflexión y situar la *epokhé* en una perspectiva más dilatada. Dentro de esta visión más amplia, la neutralidad laica y la misma *epokhé*, cuya libertad comparte, no son privilegio ni de la filosofía, ni de una «singularidad» llamada *francesa*, como radicalización sin concierto posible con la integración de prácticas religiosas en el terreno político o en el texto de una Constitución.

En esta concepción, la neutralidad de la *epokhé* y de la laicidad reposa en las profundidades del alma humana. Lo que se puede demostrar de dos maneras. Citaría, a este respecto, un texto de

Santo Tomás que sintetiza bastante bien un rasgo esencial de lo que él ve en la expresión «alma intelectiva». Considera, sobre el particular, que «el alma humana no tiene naturaleza si no es ésta: por el conocimiento ser capaz de tener todas las naturalezas»[2].

Pero para igualarse así a la totalidad del universo, es necesario dejar ya de estar prisionero de un entorno local cuyos *estímulos* provienen sólo de la vida biológica. El cambio en extensión del radio de acción tiene como complemento la emergencia de un sentido inédito de las cosas, el que define la función «ser como ser». Entre lo negativo –no estar encerrado en el entorno– y lo positivo del nuevo excitante –el ser como ser– la correlación parece más que justificada.

En un contexto diferente, el neoplatónico Damascio desarrolla el universo diferenciado del *Parménides* platónico partiendo del alma humana y su centro. Lo concibe como el centro justo de los contrarios: a la vez todo y nada. En él encuentran una audiencia favorable todos los niveles de la génesis del universo. En esta indiferencia por exceso destacan por turno la afirmación del Uno y su negación, el reconocimiento de los «otros distintos del uno» y su contrario por solipsismo[3].

La soberana indiferencia, la nada por exceso, el cuidado del ser como ser de las cosas, estas audacias ponen en el centro del alma el pro y el contra cuando se trata del Principio mismo. Merecen ser saludadas como auténticas innovaciones.

5. Me resisto a identificar la laicidad política con una filosofía de tan gran amplitud. Ahora bien, el acercamiento no es artificio de comentarista en vena de modernidad. La *epokhé* a la que se refiere la neutralidad laica no tiene la condición de propiedad privada. Se fundamenta en la característica del alma humana como indiferencia y serenidad de un justo centro al que le cuadra-

[2] Cfr. *In librum Aristotelis De anima*, lib. III, lectio 7, ed. Pirotta; Turín 1936, 681.

[3] Cfr. Damasco, *Traité des premiers Principes*, traducción y comentario de J. Combès, vol. I, París, 1986, p. LXX-LXXI.

ría la expresión medieval «nada por exceso», es decir, un más allá de toda perfección de ser. Tenemos que recordarlo cuando volvamos a reflexionar sobre el estatuto de la fe cristiana como fe en la cruz de Cristo.

La neutralidad no tiene, por tanto, que pronunciarse a favor de la religión o del ateísmo, aunque se vea obligada a pensarlas para situarse a igual distancia. El problema de la balanza fiel no es el total equilibrio. Se puede replicar que el pro y el contra nunca están a un mismo nivel en esos hipotéticos platillos. La sensibilidad siempre inclina hacia un lado u otro. Luego la supuesta indiferencia ¿es un mito?

Lo importante no es que uno sea «sensible» a este o a aquel punto, sino que no sea víctima de su sensibilidad. Problema humano de una continencia que no ha de ser el resultado de un «voto solemne». La neutralidad a la que nos acostumbra la laicidad es, hoy, bastante compartida. El desmoronamiento de las tradiciones, aunque lamentable en algunos casos, tiene como contrapartida una mayor libertad en las decisiones.

Las grandes posibilidades que florecen hoy en nuestro viejo continente agravan el problema y dificultan la elección. Pero no olvidemos que este alargamiento de la neutralidad, por encima de las fronteras políticas, es también una conquista cuya cualidad específica es volver a situar, en adelante, la condición humana en una visión más honda y más justa. Hoy debe incorporarse a la libertad de la fe.

Fe y religión en la secularización y la laicidad

Antes de analizar la reacción de la fe y la religión a estas dos instancias que han de afrontar, no es ocioso el reflexionar una vez más sobre su diferencia, con vistas a una comprensión más exacta de su relación.

1. *Religión y fe.* La distinción, celebrada por la Reforma, nos ha parecido estar bien cimentada en el comportamiento del mismo Jesús en los evangelios y en la razonada afirmación de una peculiaridad cristiana, cuyo manifiesto es, en cierto modo, la primera carta de Pablo a los Corintios (cfr. *supra,* p. 55 y ss.).

La fe es esencial relación a la Cruz de Cristo y a su *kénosis.* Tiende a reconocer y celebrar al Dios débil y loco –la nada por exceso–, que está más allá del Dios eminente que se define por la conjunción de la sabiduría y el poder en su más alto grado. A despecho de esta condición paradójica, Pablo no duda, lo hemos visto, en atribuir al Dios crucificado, y en su grado superlativo, los atributos de sabiduría y poder que él, en un primer momento, rechazaba. ¿Cómo comprender esta aparente contradicción?

El ejemplo de Plotino aducido más arriba (cfr. p. 83 y 100) es muy esclarecedor. Me permito retornar a él completándolo con una advertencia. En su caso no hay contradicción, porque el filósofo matiza las perfecciones reservadas al Uno con el prefijo *casi.* Pero esta reticencia crítica, que es bienvenida, no basta. Es indispensable un aditivo respecto a nuestra condición humana.

En efecto, no es posible celebrar un «más allá» que nos fascina sin recurrir a un superlativo que es el único medio a nuestro alcance de traer a la memoria, en lenguaje humano, un exceso que nos supera. Así es como, según el Maestro Eckhart, «el innombrable por exceso se convierte en omni-nombrable», o como, según otra fórmula, «el mismo inefable nos da la capacidad de hablar».

El superlativo es el homenaje que rendimos a lo que está por encima de todo, hasta de lo más elevado. Esto nos hace distinguir en el superlativo relacional dos aspectos conjuntos. Por una parte, en él se descubre un componente negativo: la realidad que nos fascina no tiene igual, como si «lo maravilloso» no fuera nada de lo que merece, en la tierra y en el cielo, un nombre de superioridad o perfección. Y, por otra parte, el superlativo permite ofrecer a lo que se celebra nuestros mejores presentes.

San Pablo, como Plotino, hace intervenir el humanísimo superlativo en lo que nos parecía contradictorio. Si no encontramos en su lenguaje las reticencias críticas que explicita el filósofo, es de presumir que no las habría obviado.

2. Para expresar la relación entre fe y religión en términos cristianos podemos inspirarnos libremente en esas consideraciones. La fe, como relación esencial con la Cruz, ejerce una función crítica sobre la religión y su lenguaje de superioridad. Y, al contrario, *la religión, por el superlativo de superioridad, proporciona a la fe un medio de celebrar, en su misma kénosis, la cruz que venera*. Por eso, la fe, con respecto a nosotros, pobres hombres, no puede prescindir de la religión, cuyas pretensiones está obligada a rebajar como contrapartida.

En resumen, la religión le da a la fe un cuerpo de humanidad. La religión, tanto por medio de las solemnidades litúrgicas como por su riqueza lingüística, sensibiliza a escala humana esa «nada por exceso» que desafía toda atribución y representación de excelencia. La fe, por su función crítica, le recuerda a la religión la necesidad del santo desierto. Y contra la tentación del «siempre más» de la adición, privilegia la sustracción y la bienaventuranza de los pobres de corazón[4].

3. *Religión y secularización*. Si consideramos el cristianismo en su dimensión doctrinal, como religión que sostiene ciertas proposiciones alcanzadas por revelación, se plantean numerosas cuestiones de las que enumero las principales: ¿Tienen sentido esas proposiciones? ¿Qué sentido tiene presentarlas a todo hombre capaz de comprenderlas? En un mundo abocado a la secularización, es decir, hipersensible a la difusión de las ciencias y las técnicas, ¿qué reacción, espontánea o refleja, se puede esperar de él?

[4] En otro género distinto, se ha observado que la física cuántica, que desafía, por lo que dice, toda cualificación de objeto y que, en este sentido, es una física negativa, análoga a la teología del mismo nombre, tiene necesidad, también ella, de una representación humana. Por eso, con vistas a hacerse comprender, se impone recurrir al «objeto sensible», con la reserva de un lenguaje en *casi*, a fin de mantener la originalidad del caso.

De entrada, supondría que las propuestas dogmáticas no están *ipso facto* condenadas al sin-sentido, al estilo mismo del siguiente enunciado: «El número tres es verde». Además, supondría que ese sentido, aislado por sí mismo, tiene consistencia propia que lo distingue, tanto de las cosas de afuera como de nuestros actos o representaciones internas. Y, por último, supondría que ese sentido puede ser el correlativo de una captación intencional.

Según el mismo Evangelio, ese sentido está destinado a todos sin distinción de nivel social, profesión, lengua o cultura: «Por tanto, id a hacer discípulos entre todos los pueblos» (Mateo 28, 19). La universalidad potencial de la enseñanza implica, por parte del oyente, la capacidad de comprender lo que significa. Por eso mismo, reconocemos la traducibilidad universal de las proposiciones a cualquier lengua. ¿No es postular demasiado?

Se podría afirmar que toda palabra humana, como signo que no es reducible a la estrechez de la simple señal, incluye un sentido que no está ya limitado a una circunstancia *hic et nunc*, ni a una persona particular que fuera su única destinataria. Por consiguiente, se puede hablar, incluso aquí, de la universalidad potencial del sentido –se trataría, por ejemplo, del simple «llueve»– y de la aptitud de cada uno para comprender, quienquiera que sea y con oídos para oír, lo «dicho» a través del «decir» que es mío.

El más trivial de nuestros enunciados, a no ser que se formule en un idioma del que fuese uno mismo el único usuario, por derecho está destinado a un «auditorio universal». «El prójimo», comprendido según esta lógica de la palabra humana, ya no es la persona cercana por vecindad, ni tampoco la que está allá, en el lejano horizonte es la humanidad y sólo puede ser la humanidad entera sin posible restricción.

4. La reflexión sobre la amplitud evangélica de la invitación «a creer» nos lleva, de implicación en implicación, a extraños y problemáticos pensamientos. La interpretación de los enunciados religiosos no deja de tener interés para la semántica. Por las perspectivas que abre, invita a una seria ampliación de la problemática.

Tomemos ahora un enunciado dogmático fundamental: *Dios es Padre, Hijo y Espíritu Santo.* Es la verdad más fundamental del cristianismo, porque es la más importante ontológicamente. Por eso mismo, es la revelación por excelencia, más allá de la capacidad cognitiva del hombre. Y nos preguntamos: ¿qué puede comprender un simple fiel de esta fórmula, ayudado por el catequista, que se supone también asistido por el Espíritu Santo?

Por comenzar por la fuente más cercana, ¿cómo la entendían los primeros discípulos que estaban, creemos, en el secreto del Padre? Es muy probable que se les escapase el tenor ontológico del mensaje. En el contexto monoteísta, que era el suyo, no les vendría a la cabeza la idea de una vida divina fraccionándose en tres personas realmente distintas. El medio politeísta, por su parte, condiciona la inteligencia del misterio.

En la mejor de las posibilidades, el futuro fiel calca en las figuraciones de su propia religión a las personas cuyos nombres, a excepción del Espíritu, encuentran en la lengua traductora una interpretación que se puede considerar obvia por ser autóctona: allá arriba, como aquí en la tierra, también se trata de una «familia santa». De esta manera se le devuelve su fuerza al conocido principio que reza: «Todo lo que se recibe, se recibe al modo y medida del receptor». En definitiva, el receptor tiene la última palabra.

Luego el principio invocado tiene una doble lectura. Por una parte, lo que viene de lejos sufre necesariamente la inflexión de la tierra cercana; y por otra, la semántica original, para ser captada en el sentido unívoco teóricamente de rigor, queda expuesta para siempre, cualesquiera que sean las explicaciones subsidiarias, al azar de una refracción cuya clave no está en manos de nadie. La lengua receptora determina el destino del original.

5. Si nos acercamos a Occidente, no es necesario ser un clérigo muy sabio para saber que la mayoría de los enunciados dogmáticos se elaboraron en circunstancias difíciles. Esas formulaciones son el resultado de prolongados debates donde se enfrentaban firmes divergencias. La fijación del lenguaje religioso –porque se trata en primer lugar, pero no sólo, de un problema de lengua– se pudo alcanzar por la fuerza del compromiso y a costa de argumentaciones más o menos sutiles cuya conclusión precipitó el ardor militante de tal o cual grupo.

Una reflexión atenta a esta «historia de los dogmas» corre el peligro de minar la confianza que la idea de Revelación le infunde al fiel. En vez de ser la inmediatez de una presencia que imaginamos, la Revelación cristiana no puede llegar hasta sus elegidos si no es a través de la ineludible mediación de la escritura. O de la Escritura, que, declarada sagrada, termina con la presunta oralidad del mensaje.

La Escritura no se nos ofrece como palabra directa. Se presenta austeramente, bajo la apariencia de una misiva que hay que interpretar o una cuestión que descifrar. Su lectura, en el protestatismo, se ha convertido en el acto central de la piedad: habla en la soledad al fiel. En este mensaje y por medio de él, sin relieve de imagen o figura, el Señor se hace presente. Pero su presencia está asociada al sosiego de la meditación y a los interrogantes que nos suscita.

6. No obstante, conviene recordar que la Sagrada Escritura no sólo ofrece «misterios» que, al sumergirnos en el abismo, superan nuestra capacidad de comprensión. Ante todo, se refiere a lo práctico de la vida y no tiene por qué desconcertar nuestra mente. Hoy incluso, cuando la crítica y la indiferencia generalizadas hacen más difícil la firmeza de la adhesión, el Decálogo puede seguir siendo válido y también quizás el texto de las Bienaventuranzas. La exégesis pragmática de la Revelación parece imponerse evidente. Si la creencia no es un saber, tampoco lo son la Escritura y la revelación. Cada vez se entiende menos su asimilación a un conocimiento, por lejano que sea, que nos ponga en contacto con la intimidad de Dios.

7. *Fe y secularización.* La relación de la fe con la secularización es de otro género, a la vista de la diferencia que hemos notado y razonado. Si la fe es conciencia de la Cruz y de su significado, está claro que nada tiene que ver con un saber y que el conocimiento religioso no debería expresarse en dogmas o en teologías. No obstante, con frecuencia se ha hablado, sobre todo a partir de Surin, de una «ciencia de la Cruz». Pero ¿qué significa en esa expresión la palabra *ciencia*?

En ella hemos de ver un saber que utilizara, como lo hicieran los sistemas teológicos, las categorías de una ciencia considerada universal, tal como entonces se presentaba a la filosofía. Si se está de acuerdo en que la Cruz sólo puede exponerse en términos de una «nada por exceso» y de un «más allá del ser y la esencia» (cfr. *supra*, p. 16 y ss.), se llega en buena lógica a la conclusión de que no es posible reflexionar sobre ella con la ayuda de las categorías de ser y ente. Estas categorías condicionan el conocimiento de lo que existe, dondequiera que esté y sea cual sea su naturaleza. En este sentido, la idea de la Cruz no tiene por qué tropezar con las dificultades que a nuestros contemporáneos les plantean los misterios del dogma y la teología dogmática.

8. Si no es posible, por las razones expuestas, constituir una «ciencia de la Cruz» en sentido estricto, nada impide promover, en recuerdo de Jean Joseph Surin, eminente hombre espiritual del siglo XVII, lo que se llama «ciencia experimental» de la Cruz.

La «ciencia experimental» nada tiene que ver con una especulación sobre el ser de lo que existe. Es una experiencia *in vivo*. Su objeto, o más bien su sujeto, no queda fuera, es el *ego* (Surin habla de *egoidad*) con sus pretensiones egoístas, con su profunda realidad individualista y cerrada. Es una experiencia que se caracteriza, además, como experimentación que mortifica metódicamente al sujeto, sometiéndolo a una pluralidad de pruebas purificadoras tanto de su haber como de su ser.

Juan de la Cruz, por su parte, ha sido uno de los maestros importantes de esta ciencia experimental, de la que comenta, a veces ampliamente, la noche de los sentidos y del espíritu y las desolaciones de todo género que abren el alma a la simplicidad de otra mirada sobre el mundo y sobre la otra vida. La ciencia experimental concuerda así con lo que decíamos más arriba sobre la vida según el espíritu (cfr. *supra*, p. 28 y ss.).

9. El Oriente budista y brahmánico conoce una ciencia experimental parecida. Sería ocioso querer comparar su respectiva eficacia y, más aún, ponderar su excelencia de origen con vistas a un reconocimiento de la mejor. A la espiritualidad, tanto en Oriente como en Occidente, le repugna este género de concursos.

Tampoco se ve lo que podría significar una medida exacta del cociente espiritual en parangón con el cociente intelectual. No obstante, nada impide que se realice una comparación fraterna que pueda beneficiar a ambas partes.

No hay que temer que la «ciencia experimental de la cruz» pueda impartirse en nuestros centros de estudio. Es tan claramente de otro género que descarta, de entrada, cualquier tipo de análisis de similitud. Por lo demás, un científico, incluso afecto a la secularización, refutaría con dificultad este género de experiencia. En un mundo secularizado es de prever todo lo contrario, o sea, que uno puede no sólo ser respetuoso, sino incluso sentirse atraído por otra clase de experiencia que nuestras clasificaciones no preveían.

La dificultad, si la hubiere, se opondría menos a la posibilidad de verificación de los resultados «espirituales» de este casimétodo que a la referencia a un modelo, en este caso, a Cristo crucificado. La cruz tiene mala reputación. Tal vez se deba a un cierto *dolorismo* medieval algo desacorde con nuestro tiempo. Y más discutible aún habría sido el acento que se le da, en la enseñanza oficial, al desprecio del mundo, al valor excepcional atribuido al sufrimiento reparador y a la difusión de una teología de la redención, cuestionada en la actualidad, pero siempre viva en sectores de la Iglesia. Estas consideraciones no admiten objeción. Pero sería un error creer en su permanencia universal.

La escuela de la cruz, más allá de las limitaciones invocadas, no deja de ser un camino ascético difícil de recorrer. No se ajusta ni a supuestas evidencias, ni a prácticas estereotipadas. La palabra «mortificación», que a veces se entiende en un sentido muy pobre, apunta a una formación, a una recreación de sí, a una victoria del hombre nuevo sobre el hombre viejo y sus resistencias. Quienes han puesto en práctica el sentido crístico y aceptaron sus exigencias estaban convencidos de ello. Por eso, son ellos los verdaderos discípulos, los auténticos imitadores del «hombre que no vino a ser servido, sino a servir y a dar su vida» (Marcos 10, 45).

Se ha denigrado en demasía la imitación, identificada la mayoría de las veces con una simple repetición, falta de coraje y personalidad. La creatividad proclamada hace ya treinta años en los discursos tenía derecho a una respetuosa escucha. No bastó para suscitar auténticos creadores. Hoy tropieza con una uniformidad cada vez más acentuada bajo la presión de modelos impuestos que, en vez de fomentar respuestas heroicas a una llamada, nos dejan en nuestra mediocridad.

El modelo evangélico, por el contrario, nada tiene que ver con su reproducción automática y en serie. En la persona que lo escucha, la llamada se transforma enseguida en imperativo de una innovación que, sin esa llamada, nunca hubiera emprendido. Tal es el poder «creativo» de lo que en otro tiempo se llamaba «la causalidad ejemplar». Ésta no impone nada. Su fuerza está en el amor y en el deseo que despierta. Es lo que sucede con Cristo crucificado y con la Cruz como camino de cruz.

El conjunto ascético de las prácticas que encierra la expresión «camino de cruz», en última instancia, no es más que la conformación cada vez más apremiante del discípulo a esa cruz alzada por encima del mundo, en la que el apóstol Pablo se gloriaba, él que no quería saber otra cosa que a Jesús y a éste crucificado (Gálatas 6, 14).

El hombre de la cruz, compartiendo su divina locura y debilidad, acata una invitación que le viene de «más allá del ser y la esencia». Por eso, al término del camino, alcanza, en su propia *kénosis*, la «nada por exceso» que, desde el inicio de la prueba, le hace señas desde el «monte calvo» llamado Gólgota.

4. *Religión y laicidad.* Las diversas actitudes a las que da lugar, dentro del cristianismo, la diferencia entre religión y fe comportan, a nivel social, unas consecuencias que vamos a explicitar.

La religión es un conjunto, a la vez, ordenado, doctrinal y disciplinar. Y si queremos ser rigurosos a la hora de abordarla, no se puede aislar ninguno de sus componentes. A este propósito, podemos hablar con pleno derecho de *holismo*, para significar la trabazón que hace de ella un sistema, en la acepción no peyorativa de totalidad orgánica. De esta manera, se puede hablar de la *coherencia* del mundo religioso, según un «principio de caridad» no desdeñable por el lógico.

Se pueden debatir las pretensiones de la religión sin tener que tacharlas de inmediato de absurdas y oscurantistas. Pero, para comprenderlas, hay que relacionarlas continuamente con el Absoluto monoteísta que es el principio existencial y la clave interpretativa de ese universo. Ahora bien, un absoluto como ése no tolera ninguna pérdida en su influencia. En estricta lógica, fuera de él no existe la posibilidad de que subsista algo. «Todo cuanto es, existe, bien en sí y por sí o bien en otro existente en sí o por sí».

Éste me parece el postulado subyacente a la exigencia religiosa. De ahí la necesidad de inscribir bajo su poder globalizante todo cuanto, de una manera u otra, depende de la existencia política. La conciencia religiosa, so pena de contradecirse, no solamente debe afirmar, sino ordenar también con vistas a obtener –aunque sea mediante el brazo secular– el sometimiento a su autoridad de todos los sectores de la vida civil: enseñanza, ley, gobierno, economía.

11. Esta simple exposición permite anticipar el juicio que un espíritu formado en una lógica tan exigente está obligado a emitir sobre la laicidad, tal como la hemos comprendido. La laicidad, se nos ha dicho, no podría reivindicar, por principio, la neutralidad aparente de la que alardea. Es, esencialmente, rechazo del Absoluto. Ahora bien, la conciencia humana no puede ser neutra respecto al Absoluto. Por eso la laicidad sólo puede ser abominación, puesto que excluye aquello por lo que todo subsiste y se mantiene en el mundo de los hombres y en el universo de las cosas. Lo cual es tanto como decir que no difiere de un nihilismo que autoriza cualquier cosa.

La requisitoria es bien sabida. Toda una tradición, cuyas opciones políticas son conocidas, no dejaba que la denunciaran como la mano invisible de Satanás en la Revolución del 89 y en la subsiguiente adhesión a la República. Los tiempos han cambiado. Ya no nos atrevemos a decir, al menos en público, que la democracia es satánica en su principio. No por eso deja de ser cierto que la concepción monoteísta utilizada en los asuntos humanos, para muchos espíritus, es inseparable de esas audaces afirmaciones. A este peligro se puede reaccionar de dos maneras. O denunciando la amenaza de un totalitarismo en la lógica religiosa. O proponiendo la fe cristiana como lo otro de la religión.

12. *Fe y laicidad*. Hemos intentado esclarecer, respetando sus diferencias, las relaciones entre fe y religión (cfr. *supra*, p. 63 y ss.). Concretamente, hemos resaltado cómo la función crítica de la fe respecto a la religión está vinculada a la «nada por exceso» cuya radicalidad subraya la interpretación paulina de la Cruz. Esta originalidad crítica no deja de tener sus consecuencias en el terreno político.

La escena del juicio final (cfr. *supra*, pp. 67-73) nos sirve de guía. Al repasarla con detenimiento, no podemos por menos de volver a sorprendernos por el silencio del texto respecto a la religión como culto de adoración. Nada hace en ella alusión a una «teología de la eminencia» y a su explicitación gloriosa de los atributos divinos, en especial a los de poder y sabiduría. ¿Es que la fe nos puede alejar de la trascendencia para interesarnos sólo por lo cotidiano? Y entonces, ¿en qué se distinguiría de un humanitarismo que fuera hoy su única versión aceptable?

La contraposición de lo de arriba y lo de abajo, de la inmanencia y la trascendencia es fácil de comprender. Pero conviene saber en qué sentido esos contrarios se aplican a lo que nos dice el juicio final. Es cierto que en él figuran los verbos que hablan de necesidades diarias. La letra debe respetarse. Ahora bien, pone de manifiesto el mismo espíritu de la fe: «Lo que hayáis hecho a estos mis hermanos menores me lo hicisteis a mí».

El simple sentido común puede comprender que aquí no se trata sólo de la materialidad de una prosaica inmanencia. Se puede sostener que la fe subvierte la dirección de la religión: ésta tiende a lo de arriba, a lo más alto del cielo, en tanto que la fe se dirige a nuestra tierra para acoger al indigente. Nosotros, según parece, no abandonamos la obsesión humanitaria. Luego urge rectificar la visión y reiterar el sentido crístico de esas operaciones elementales. En efecto, la fe invierte el dinamismo de la religión y lo hace a su manera. Practica «la trascendencia en la inmanencia», puesto que, inclinándose a la desgracia humana, es el *Yo* de Cristo, presente en los más pobres, el que atrae su atención.

13. De acuerdo, replica el increyente. Pero esa forma de ver y actuar de la fe es lo que nosotros no podemos aceptar. –Y ¿por qué?, me pregunto– Porque lo que os interesa y cuenta en ese acto de fe no es el pobre o el indigente sino, en definitiva, el mismo Jesús, que con un poco de imaginación hacemos presente en él para notificar su insignificancia.

En el fondo, estamos ante la típica ambigüedad del amor cristiano. Se ama al próximo y al lejano, pero por amor de Dios. El prójimo carece en sí de valor, sólo lo tiene como medio de alcanzar merecimiento. El cristiano que *pasa* por el indigente lo convierte tácitamente en simple lugar de tránsito. Y de inmediato lo olvida, para ofrecer a Dios la buena acción por la que recibirá, como premio a sus méritos, el céntuplo en la otra vida.

En conclusión, la fe que debía superar a la religión acaba, como ella, por engullir –de modo totalitario– el mundo en su causa y lo humano en el absoluto. El horrible término de «criatura» expresa bien lo que tengo que decir. La criatura no tiene en sí ninguna consistencia. Sólo existe con relación al Creador. Y si hablamos de Jesús como Verbo, llegamos a la misma conclusión del Maestro Eckhart en uno de sus sermones: todos nosotros somos «ad-verbios del Verbo». No se puede expresar con más acierto la condición típicamente *ad-verbial* del hombre y del mundo del que forma parte.

Detrás de estas palabras, vuelvo a escuchar lo que me decía en serio Michel Foucault en una larga conversación a la que asistía con interés nuestro común amigo Louis Althusser: «El cristianismo ha predicado el amor y nunca ha comprendido que hubiera algo en la amistad». Es una objeción de las más serias y podría constituir el argumento más contundente respecto de la fe y la religión, objeto ambas, y por el mismo motivo, de una misma reprobación.

Objetar a esto que el increyente interpreta mal la escena del juicio final no es suficiente; y tampoco ponerle ante los pasajes del Evangelio que demuestran la sensibilidad visceral de Jesús por los pobres y los que sufren, lo mismo que su voluntad de que alcen la cabeza y se pongan en pie bajo un cielo radiante.

La réplica a esto es inevitable. Sin negarle a Cristo la buena intención, aparece también él, en esos pasajes, interesado en restituirle al Padre no sólo cuanto él hace, sino también la nueva situación de quienes le piden ayuda.

Al increyente le cuesta comprender que el Dios-Todo del monoteísmo, plenitud de ser y unidad infinita de perfecciones infinitas, les pueda conceder a sus criaturas una densidad de ser original. Éstas son sólo resultado de su poder e instrumentos de su gloria. Su evidente alienación se define en un doble trazo: *por el otro, para el otro*. ¿Es posible aceptar esta condición de servidumbre? Si Dios es todo, nosotros, evidentemente, no somos nada.

14. El problema que suscitan estas fórmulas fue, en los dos primeros siglos del cristianismo, el tormento de los gnósticos. Para resolverlo, el gnosticismo sólo pensó en una fórmula: una especie de vacío o de espacio inicial que la divinidad, al renunciar a su plenitud, abría en sí misma para «hacer sitio» a la creación. La ganga imaginativa de la explicación muestra a su manera un aspecto esencial: la crítica del todo.

Pero el monoteísmo que se critica no se sintetiza, sin embargo, en la imagen exagerada que con razón se rechaza. Es cierto que en numerosos textos Dios es el Todopoderoso, el Absoluto, el Único, fuera del cual nada existe. Pero otros pasajes resaltan la dimensión crítica o iconoclasta.

La prohibición del nombre, el rechazo del ídolo y de toda imagen sugieren una nueva evidencia. El Altísimo no es el Todo, no es nada de lo que existe y nombramos, aunque sea el no va más de lo existente (aunque se trate de nuestro mejor uranio enriquecido). Y, puesto que no es nada de lo que existe, no tiene por qué hacer número con la criatura. Se puede estar conforme con la *kénosis* como vaciamiento de una plenitud. Si se la mira de más cerca, la imagen puede llegar, después de retoques, a la «nada por exceso» que nos inculcaban las afirmaciones paulinas de la primera carta a los Corintios (cfr. *supra*, p. 14 y ss.).

15. No es una equivocación insistir en la amistad y en sus exigencias. El mismo Jesús les dice a sus discípulos:

> Ya no os llamo siervos, porque el siervo no sabe lo que el amo. A vosotros os he llamado amigos porque os comuniqué cuanto escuché a mi Padre (Juan 15, 15).

La amistad exige o funda la igualdad. A ella la jerarquía no le va. El Evangelio apenas se pronuncia a su favor: el más importante que se haga el más pequeño y el que gobierna como quien sirve (cfr. Lucas 22, 24-27; Juan 13, 12-15).

La palabra *servidor* puede significar condición de esclavo o mentalidad de esclavo. Ambas son incompatibles con la auténtica amistad. *Servir* puede también y sobre todo indicar la disponibilidad incondicional hacia el prójimo, una disponibilidad que puede llegar hasta la propia inmolación. El servicio así entendido es el amor más grande. La amistad no excluye esta forma de amar. Por tanto, no excluye ni el amor, ni el amor más grande.

¿Cuál es la relación de la fe con el juicio final?

Al leer el pasaje, uno no puede sino acordarse de la indispensable referencia a la cruz de Cristo y a sus múltiples implicaciones: la *kénosis*, la *kénosis* en el servicio a los demás, el servidor, el amigo, el servicio y la amistad como amor, y el amor hasta la muerte.

Cierto, en el pobre hambriento y sediento, que está desnudo o prisionero, la fe no puede dejar de ver a Cristo. Ahora bien, el *Yo* de Cristo oculto en el miserable no es el *pantocrátor* que confisca el ser del que sufre. Es el amigo que invita a servir a su amigo y a tratarlo como lo habría tratado él. Ninguna diferencia al respecto.

La amistad y el amor de amistad bien entendidos no borran el ser de la criatura. Al contrario, ambos se lo *revelan* a ella misma, a ese Otro que habita en ella y en el cual ni la desgracia ni el amigo tienen ascendencia. El acto de fe al servicio de los pobres no por eso deja de ser una «trascendencia en la inmanencia». En un ambiente de laicidad, invita, como Cristo, al nacimiento de un ser nuevo. En este sentido, nosotros lo asociamos al puro gozo de la creación.

5

Cristianismo y espacio interreligioso

La introducción de un nuevo concepto siempre exige unos preámbulos que ayuden a comprender su necesidad. En todo caso, ¿a qué responde la expresión «espacio interreligioso», tan poco corriente hace algunos años? Por lo tanto, es provechoso reflexionar acerca de las circunstancias que han justificado su aparición.

Estas reflexiones son esclarecedoras si conservamos en la mente la situación peculiar, el privilegio más exactamente, que los diversos monoteísmos se atribuyen, como afirmación principal de su existencia y de su consistencia histórica. A continuación vamos a precisar el sentido y alcance del espacio interreligioso como indicio de una nueva conciencia religiosa.

Preliminares

Lo expuesto sobre la secularización y la laicidad nos facilita la tarea. Nos queda solamente sacar las consecuencias de esa doble condición de nuestro mundo tal como se nos ofrece de ahora en adelante.

1. Se observa, en primer lugar, que se trata de una situación que no sólo se impone a las grandes confesiones cristianas que en cierto sentido han configurado a Occidente, sino a cualquier otra religión, sea cual fuere, que busca el ser reconocida –lo que pasa en Francia– como una organización legal en el «territorio de la República».

La neutralidad no entraña de por sí ningún sectarismo. Pero se fundamenta en un principio, cuya validez, para un espíritu religioso, no es fácilmente aceptable. El principio es éste: la religión es, en el futuro, un asunto privado. En consecuencia, deja de ser un distintivo del que pudiera uno valerse para alcanzar un privilegio.

2. Esta nueva situación de lo religioso, al menos en Francia –y salvo esta o aquella otra nación regulada por un concordato en vigor–, no deja de alterar la valoración que el simple fiel hace de su propia confesión. Efectivamente, hay que comprender el tipo de vivisección que puede estar experimentando.

Su creencia, por una parte, es una realidad suprema. Como única –por diferente que sea la concepción de esa unicidad– exige, como es debido, el ser reconocida por sí misma y, consecuentemente, por todos. Toda atenuación del Absoluto sería escandalosa y contradictoria.

Por otra parte, hay que rendirse a la evidencia: lo más querido va a ser tratado en el futuro como algo indiferente. Entonces, ¿cómo armonizar estas dos situaciones con plena lealtad y sin herir lo más profundo de una convicción personal?

Costosa coherencia. Sea como fuere, no se puede alcanzar más que manteniendo unidos los dos extremos de la cadena «sin ver por dónde sigue su concatenación» (Bossuet). Quizá una cierta simpatía hacia aquél que no es de nuestro propio gremio nos podría servir, ayudándonos nosotros del principio lógico de la caridad, para comprender la extrema dificultad que el otro experimenta para hacer abstracción de lo que piensa ser el Absoluto.

Un espíritu que se siente neutral no debería negarse el derecho y la satisfacción de intentar comprender el porqué de una creencia y una práctica. Esta postura depende, en vez de contradecirla, de una *epokhé* que se considera coherente con su ideal de apertura. Ahora bien, si se ahonda en la íntima convicción de cada uno, sea cual fuere la religión profesada, nos apercibimos de ciertos presupuestos cuya verosimilitud son la realidad de todo hombre religioso.

Por diferentes que sean las concepciones, parece que la fortaleza de la afirmación se asienta en todos los casos en el siguiente postulado: ha de existir, porque lo merece, una suprema realidad en la que se verifique en sumo grado la excelencia de una perfección reconocida como tal. Esa realidad tiene por nombre *Absoluto* porque no necesita, para imponerse, más apoyo que la consistencia de su propia perfección.

3. Sea cual fuere el nombre que se le dé –no es necesario pronunciar el nombre de Dios o el de un dios– en un hecho de este género, se reconoce la fuerza o debilidad de lo que se llamó el argumento ontológico. No discutimos su validez ante un lógico. Nos quedamos en su sentido y alcance fenomenológico.

Al margen de la adhesión y el rechazo, un análisis como ése, que sería bueno profundizar, aclararía el fenómeno religioso en general. Sin desatender las explicaciones dadas por los sociólogos, los filósofos y los psicólogos, atemperaría la impresión de su suficiencia. Y, por añadidura, causaría un respeto al prójimo que las reducciones de lo religioso a lo imaginario o al oscurantismo no favorecen. Más aún, al mismo no creyente le ayudaría a percibir mejor las razones de su rechazo.

El superlativo «el más», tan familiar al alma religiosa que lo multiplica alegremente como prefijo de calificativos, puede, en efecto, indisponer al no creyente, que prefiere con mucho la sabia llaneza de lo positivo sin ponderativos axiológicos[1].

[1] Para la crítica de la idea de perfección, de orden, y de nociones afines tales como la finalidad, es muy recomendable acudir a Spinoza, en particular a la *Ética*, que reduce la perfección y sus superlativos a lo positivo de la simple realidad. Yo no estoy seguro, sin embargo, de que sus refutaciones sean siempre

Yo conocí un colega que nunca echaría mano del superlativo, pues veía en él la sospecha de una debilidad y la manifestación de un loco deseo o de un necio temor. En nuestros días, el superlativo ha pasado del lenguaje religioso al lenguaje del rendimiento. La figura del campeón en determinados ambientes es soberana. Su reducción a una categoría concreta fomenta a veces la ilusión de algo «ilimitado», propio del «campeón fuera de serie».

4. La doble influencia de la secularización y la laicidad se podría traducir en un efecto también doble.

En algunos casos, la nivelación provocada por esos dos factores suscita, por reacción y en homenaje al supremo de referencia esencial, un sobresalto que refuerza, en la piedad del fiel, el prestigio de un superlativo de trascendencia. No parece que este efecto, aunque en algunos revitaliza su creencia, se dé en la gran mayoría.

En otros casos, el aire que se respira en un ambiente indiferente hace vacilar insensiblemente toda posibilidad de resistencia. La masa se apunta al principio del mínimo esfuerzo. Excepto cuando se produce un rechazo abierto y reacciones hostiles, la laicidad conjugada con la secularización provoca por lo general una baja considerable de la práctica religiosa.

Las religiones consideradas monoteístas son las más amenazadas por este peligro de uniformidad. Porque cuanto más sublime y diferenciada es la eminencia del Único, más peligroso y provocador es el cuestionamiento de su superioridad. En cambio, formas religiosas menos estructuradas, bien porque la realidad suprema es más imprecisa o bien porque no se plantea el problema de Dios, pueden, gracias a su flexibilidad, soportar mejor el nuevo ambiente.

pertinentes y de que la definición de Dios que él propone, por no citar más que este caso, no incluya una dimensión axiológica tanto más importante que no tiene que expresarse.

Por tanto, el monoteísmo, en virtud de su presencia en el contexto occidental y, más aún, en virtud de su complejidad, es la forma religiosa más problemática para nuestros contemporáneos. Conviene que ampliemos un poco nuestras primeras reflexiones al respecto (cfr. *supra*, p. 78).

El problema del monoteísmo

1. Con respecto a la religión, la fe invita a su superación, incluso a la de la «verdadera religión», la de Israel. Ahora bien, la verdadera religión se concreta en el sustantivo *monoteísmo*. Éste, como queda dicho, presenta varios aspectos. La dimensión iconoclasta, ya mencionada, es la que sin duda mejor encarna el rechazo de toda atribución antropomórfica a la divinidad. La otra vertiente se presta, y se prestó en el pasado, a críticas. Éstas, no hay duda, recaían sobre el lenguaje de la unicidad. No me puedo entretener en disertar ahora sobre ello[2]. Me limito a ofrecer algunas observaciones.

Planteemos la cuestión. ¿Dónde está el problema para nuestros contemporáneos? Por principio, no en la iconoclastia, sino en la unicidad en su doble sentido bíblico: la unicidad del Dios de Israel y la del pueblo elegido, el predilecto de Yahvé. Los dos únicos se reflejan uno en el otro, hasta el punto de que la traducción de la situación de hecho en un enunciado de implicación daría seriamente que pensar si se formulara de la manera siguiente: si Dios es único, el pueblo que él eligió entre muchos también lo es. Negar el consecuente de la implicación equivaldría a la negación del antecedente.

No obstante, sería sofístico el llegar sin más a la identidad de Dios y su pueblo, como si la no existencia de Israel comportara automáticamente la no existencia de su Dios. Pero la correla-

[2] Para el desarrollo de este tema, me permito remitir a mi obra *Unicité et Monothéisme*, París, Le Cerf, 1981.

ción está tan claramente afirmada en su reciprocidad que algunos ya no dudan en hacer caso omiso a la prohibición del lógico. Entonces, ¿por qué «tenerla tomada» con la unicidad? Dejamos a un lado la distinción entre unidad y unicidad y la trasposición a Dios del número aritmético[3].

Siempre se puede decir que la elección que distingue a un pueblo de entre los demás, hoy, es difícilmente comprensible. Pero ese rechazo sólo manifiesta un reflejo de igualdad democrática: reacción un tanto estrecha de miras. Se denuncia ante todo la conducta demasiado humana de un Dios al que ni siquiera podía nombrarse, cuyo origen y legitimidad parecerían basados en las necesidades y aspiraciones del alma humana.

2. Lo que más molesta es el exclusivismo que, al parecer, comporta toda afirmación de unicidad. Un filósofo, en concreto, Proclo, denunció la intolerancia del monoteísmo, su pretensión de reunir en una única figura *lo innombrable omni-nombrable* que una teología negativa preservaba de toda voluntad de apropiación. La lucha contra los ídolos se podía explicar, a lo sumo, por el peligro de una fijación del «Inmenso» en una asignación local o determinación funcional. Ahora bien, el politeísmo neoplatónico, en vez de caer en el materialismo de la fijeza, no multiplicaba las «figuraciones» de lo divino sino para eludir justamente ese peligro de fijación.

Al confiscar el «no figurable» en la forma del único, el monoteísmo no peca solamente por intolerancia y antropomorfismo. La elaboración que la teología ofrece de él, incluso la de Santo Tomás, identifica el Altísimo monoteísta con la plenitud del ser. De ahí que en él nuestros modernos críticos vean el espectro totalitario de un todo identificado con el Absoluto.

Finalmente, para acabar este periplo crítico, es un hecho histórico que el monoteísmo ha dado muestras de una distancia al-

[3] La escolástica y Santo Tomás, en particular, distinguían cuidadosamente «el uno numérico» y el «uno trascendental». Éste, si se entiende como indivisión, es una propiedad de todo ser, y en primer lugar del ser en cuanto tal.

tanera respecto a las demás religiones. El menosprecio estaba a la altura de su conciencia de absoluto. El resto, es decir, todo lo que se ponía a cubierto en el horizonte de lo extraño, sólo eran, a lo sumo, sombras lejanas del *Solo* que iba a venir por su derecho y su deber ser. Nos imaginamos la reacción de los «otros» a los que dejaba al aire la confiscación monoteísta de lo divino.

3. La situación ha cambiado desde el concilio Vaticano II. Las tímidas declaraciones conciliares acerca de la contribución de las otras religiones estaban reclamando una ampliación. Así nacía, en un primer momento, una «teología católica de las religiones» más deferente respecto a la importante contribución de las otras confesiones cristianas según la tendencia de un ecumenismo de primer grado.

La deuda con el judaísmo debía ser reconocida y enfatizada. Evidentemente se trata de una justicia un tanto tardía. Más audaz es, sin duda, reconocer la originalidad de las religiones de tierras lejanas. Hasta entonces, el vocabulario despiadado respecto al politeísmo y la idolatría las estaba machacando. El axioma escandaloso «fuera de la Iglesia no hay salvación» ya no era tal. Más que criticado, por algunos fue vilipendiado.

Si nos remontamos a las explicaciones que dieron por entonces los teólogos, se nota que la rigidez de la fórmula provenía de una distinción entre el cuerpo y el alma de la Iglesia. La irrupción en teología de esta alma universal y generosa desvelaba la sorda conciencia de una necesaria superación de las perspectivas tradicionales. Era también la promesa de nuevas profundizaciones.

¿Cómo ahondar superando? Así como es posible reconstruir los momentos importantes de la historia reciente, mi impresión es que el giro más decisivo después del Vaticano II fue –o debería haber sido, al menos– la recuperación creyente y reflexiva de la fórmula tan común a los cristianos: *Jesús-Cristo*. El guión que une los dos nombres subraya una relación. En el acto de fe, la fórmula equivale al juicio-proposición: Jesús es *el* Cristo, es decir, el Mensajero de Dios.

Sin mirar con lupa la estructura de este enunciado, es posible explicitar su significado mediante una doble versión: Jesús es Cristo; Jesús, él y solo él, es Cristo. Dicho de otra manera, el sujeto de la proposición abarca por completo su predicado. No hay otros sujetos que puedan verificarlo.

Aquí la unicidad todavía está en su pleno esplendor. Ahora bien, en la práctica normal y lógica, el predicado pertenece a otra categoría semántica distinta del sujeto de referencia. De suyo excede su extensión. En el caso presente, coinciden, lo que significamos por el artículo definido «el Cristo»[4]. Por eso, la teología de las religiones, en su deseo de equidad, puede interpretar el predicado «Cristo» de dos maneras. O bien se reserva a Jesús –y sólo a él– la cualidad de Cristo; o bien se hace una réplica de la cláusula de unicidad y se extiende la amplitud normal del predicado a otros distintos de Jesús.

Al margen de una mayor generosidad, la teología católica más reciente[5] no puede reconocer la excelencia de las demás religiones si no es situándola, para integrarla, bajo la unicidad crística de Jesús. Pero se dan otras iniciativas que, más sensibles a la generosidad divina que a la de los teólogos, proponen una teología de las religiones verdaderamente abierta a la situación presente. Estos intrépidos no creen posible un auténtico reconocimiento de las otras religiones, sobre todo de las más alejadas, sino rechazando el postulado de unicidad exigido por la tradición cristiana[6].

4 Para una explicación más detallada, consultar I.M. Bochenski, *Précis de Logique Mathématique*, Bussum (Holanda), Kroonder, 1948, p. 49-50.

5 Cfr. la obra de J. Dupuis, *Vers une théologie du pluralisme religieux*, París, Le Cerf, 1997. Hay traducción: *Hacia una teología cristiana del pluralismo religioso*, Santander, Sal Terrae, 2000.

6 Cfr. J.S. O'Leary, *La Vérité chrétienne à l'âge du pluralisme religieux*, París, Le Cerf, Cogitatio Fidei, 1994; *Religious Pluralism and Christian Truth*, Edimburgo, University Press, 1966. Cfr. nuestro artículo «Vérité et Pluralisme, Transversalités», *Revue de l'Institut catholique de Paris*, oct.-dic. 1996, p. 115-131.

Retorno a las nociones de unidad y unicidad

Sería provechoso hacer un nuevo esfuerzo con vistas a una precisión más afinada de las nociones, si al menos queremos justificar hoy, según todas sus exigencias, la idea capital de un espacio interreligioso. Hay que prevenir la confusión de los dos términos y recuperar, definiendo uno y otro, la unicidad en cuanto irreductible a cualquier imagen.

A propósito de la unidad

1. Parece que este concepto debe considerarse en diversas acepciones. En primer lugar, desde un punto de vista lógico, está permitido en todo caso confrontarlo con los principios lógicos de identidad y no contradicción. *A es A* parece tan vacío como posible. Pero, en un determinado lenguaje, si digo «Dios es Dios, es nombre de Dios», me doy cuenta de que una cierta violencia impregna a veces las proposiciones llamadas tautológicas. Igualmente decimos con cierta irritación: «una silla es una silla» o «las cosas son lo que son». Aristóteles decía que es absurdo preguntarse por qué un hombre es un hombre y no otra cosa.

A no es no-A, todo ser tiene una esencia o naturaleza que lo constituye propiamente y que lo define, luego, en uno u otro de nuestros lenguajes. En este sentido, se habla de un principio de determinación que asegura a lo que existe una consistencia elemental. La seriedad de las transformaciones o evoluciones se mide con la seriedad de las determinaciones que entrañen en el futuro. De ahí la tesis clásica según la cual «todo lo que existe es uno», indiviso en sí mismo y diferente del otro o de «su otro».

Por consiguiente, el uno es propiedad trascendental, indisociable del ser en cuanto ser que «está presente» en todas sus manifestaciones. Convendría no olvidar esto cuando se trate de situar las religiones en el espacio interreligioso.

2. La unidad así definida es de orden estático. Proviene de un dinamismo interno cuando se enuncia, con Spinoza (*Ética*, III, pr. 6), el principio siguiente: «Toda cosa, igual que es en sí, se esfuerza por mantenerse en su ser». Este esfuerzo o impulso es idéntico a la esencia de la cosa. Por tanto, la esencia se confunde con la potencia. Potencia en una doble vertiente según se mire, o como resistencia a las amenazas de fuera, o como necesidad interna de devenir y de «hacerse lo que uno es» o, según otra fórmula, de «tener que ser lo que uno es» en un intento de diferenciación y de reflexión en sí.

Encontramos aquí el esquema de la «causalidad de sí por sí» (*causa sui*). La unidad dinámica como despliegue de sí en sí cambia la naturaleza en historia. El mismo ser tiene un componente de porvenir y de suceso en sí mismo. No se es uno mismo sino en la medida en que se llega a ser uno mismo.

3. En una tercera acepción, el sustantivo *uno* significa un principio genérico de unificación, un principio que expresamos de dos maneras. En negativo, tendríamos el siguiente enunciado: *no es posible pensar lo múltiple en cuanto múltiple*. Dicho de otra manera, lo múltiple no es susceptible de ser pensado sino por la unificación previa que le adjudicamos.

Por mucho que nos empeñemos en imaginar una pura dispersión o diáspora, todos *los plurales* a los que el pensamiento se dirige manifiestan un carácter común que permite integrarlos en el conjunto de nuestra opción: tienen al menos la propiedad «no-uno», la única que les conviene provisionalmente. De todos modos, no se evita el paso por *el uno*.

El enunciado positivo es bien conocido. Figura como proposición principal en los *Elementos de Teología* de Proclo: «Toda pluralidad participa de alguna manera en el uno»[7]. Aunque no aparece en el texto, conviene presumir en la fórmula la modalidad «es necesario que...».

[7] Cfr. Proclo, *Éléments de Théologie*, traducción, introducción y notas de Jean Trouillard, París, Aubier, 1965, p. 61.

Además, notemos que *pluralidad* se entiende de dos formas: como escalonamiento de los *plurales* a lo largo de una serie; o como energía o fuerza expansiva de cualquier nombre que se le atribuya: *díada, materia, alteridad*. Bajo esta última forma, la exigencia de unidad sería aún más decisiva.

Sea como fuere, la proposición liminar tiene el valor añadido de un manifiesto que, en el neoplatonismo, contrapone la henología a la ontología. Si el ser, para un pensamiento metafísico, es el primer inteligible del cual *uno* es sólo una propiedad, aunque la primera, para una perspectiva henológica, sin embargo, el ser en cuanto ser sólo es la «huella del uno».

Esta alteración no es una simple inversión. Remite a un contexto filosófico en que la teología negativa como fenómeno lingüístico arraiga en el radicalismo de una deconstrucción, inseparable de un impulso místico. Con estas líneas tan nuevas en la historia del pensamiento occidental, el neoplatonismo se acerca a un Oriente brahmánico o budista que, por una parte, le ha influido pero, por otra, se convierte –el neoplatonismo– en la espaciosa puerta de entrada en ese Oriente.

Las metamorfosis del *uno*, tal como las relatamos, no son una simple rapsodia o nomenclatura léxica. Los elementos que establece cierta semántica, ligada estrechamente a una cierta historia, no se encuentran por azar en el lugar que se les asigna. Cada uno de ellos tiene su importancia filosófica en la serie en que se inscribe. Dialéctica o no, la historia que contamos está hecha de rodeos que no son indiferentes a nuestra reflexión sobre el porvenir del cristianismo.

A propósito de la Unicidad

1. Recordemos que el artículo definido *el*, al menos en sus aplicaciones singulares tales como «el satélite de la Tierra» y «la capital de Francia», siempre se refiere a «algo» que existe y que no conlleva realidades adjuntas capaces de verificar el mismo predicado. Desatendiendo la formulación algorítmica, decimos que el artículo *el*, en los ejemplos anteriores, significa a la vez que «el tal» existe y que es único; de suerte que «cualquier cosa que posee susodicha propiedad es idéntico al "tal" en cuestión». El artículo definido en la expresión «la x en cuanto fx» hace referencia a lo que, en lógica, se denomina descripción.

Damos por supuesto que estos rudimentos explicativos son ya una adquisición. La singularidad de la que nos ocupamos no entraña de por sí ningún juicio de excelencia. En la frase «este árbol al borde del camino», el deíctico demostrativo, reforzado por el dedo índice que señala la cosa, puede dejarme indiferente. Pero la indiferencia no es la regla general. En la vida diaria, los «singulares» que se ofrecen a mi vista tienen una significación pragmática, ligada a un interés que acentúa su valor.

2. En el terreno religioso, se trate de lo «santo» o lo «sagrado», no cabe la neutralidad. La *epokhé* no es ni asunto de fe, ni competencia teológica. Sospechamos que en ella se produce con bastante facilidad la exaltación, aunque esos accesos de fervor militante, en nuestros viejos países, apenas están de moda. Siempre es verdad que la palabra *Dios* debería, de por sí, provocar en quien la pronuncia plenamente consciente un sobresalto que no tiene parangón en las «singularidades» festivas cuyo resalte nos agrada en la continuidad de los días.

La «x como fx», cuando se aplica al «Dios que es y es único», tiene una existencia y una unicidad incomparable con lo que deja entrever el artículo definido del lenguaje ordinario. La singularidad divina no puede expresarse sino en alabanza admirativa que agradece al Altísimo la infinitud de sus perfecciones infinitas.

Esta doble infinitud imposibilita la duplicación del caso. Si existieran muchos dioses, tendrían que diferenciarse. Y, para conseguirlo, sería necesario que lo que a uno le conviene no le perteneciera al otro. Si la diferencia radica en una privación, el segundo no sería perfecto; y si en una perfección, en consecuencia, el segundo carecería de una perfección. En virtud de la definición inicial, el segundo no sería Dios[8].

3. La unicidad divina, proclamada por Israel, es también una afirmación cristiana, una afirmación que modifica su contenido original con el aditivo del dogma trinitario. El «sólo Dios» es un Dios solo. En su abrupta unicidad, la divina soledad da la impresión de estar falta de un soplo vital. La vida requiere expansión. Y la expansión sólo es posible por una multiplicidad interna que redima al Único de la abstracción del «ser universal» o de la sustancia muerta.

Por eso, el Uno debe entrañar la diversidad de una división, rescatada enseguida por el movimiento inverso que contrae la expansión a su punto de partida. Así se presenta al Dios cristiano en la Trinidad de sus personas: la sustancia, al fin, convertida en sujeto[9].

La transgresión cristiana de la confesión fundamental que constituye a Israel en pueblo de Dios debía ser rechazada enérgicamente como intrusión idolátrica. Pero no por eso la reflexión crítica detiene su curso. El Único, si lo confrontamos al imperativo iconoclasta que veta todo nombre, imagen y concepto, no se puede confundir, a nuestro juicio, con la singularidad aritmética que le confiere un semblante demasiado humano.

«El por encima de todo nombre» no puede compadecerse con las determinaciones y denominaciones de aquí abajo. Puesto que está por encima de todo nombre, ¿no sería lo más simple el extremar la lógica del imperativo original y tomar decididamente partido por un inefable sin reticencias? Y, además, ¿no sería la mejor forma de hacer desaparecer la intolerancia de un monoteísmo militante que fomenta en el lector de la Biblia un

[8] Cfr. Santo Tomás, *Suma Teológica* I, q. 11, a. 3.

[9] Lo dicho se inspira, lo habrá advertido el lector, en la crítica hegeliana del universal abstracto y la promoción de la sustancia en un sujeto vivo que no es sino el Espíritu (cfr. prólogo de la *Phénoménologie de l'esprit*, traducción, presentación y vademécum hecha por F.P. Lefebvre, París, Flammarion, 1996, p. 60-68).

malestar difícil de sobrellevar, a despecho de pasajes tan bellos a veces?

Estas cuestiones e inquietudes conciernen también al monoteísmo cristiano que, en su novedad trinitaria, hace suya en la práctica la intransigencia del original. La distinción que defendemos entre religión y fe en el seno del cristianismo exige al respecto una firme postura. ¿En nombre de qué puede o debe criticar el monoteísmo? ¿Qué conviene retener de él?

4. La respuesta a la primera pregunta se encuentra en la misma lógica de nuestra distinción. Si como atestiguan los textos relativos a esta materia (cfr. *supra*, p. 63), la distinción está bien fundada, nos vemos obligados a sacar las consecuencias. La fe como la cruz, que es su referencia esencial, nos muestran un más allá de la religión, incluso de la verdadera religión que, en tiempo de Jesús, representaba el monoteísmo de Israel. En el nombre de ese más allá, como se ha explicado, se justifica la controversia.

¿Hay que decir, entonces, que nosotros no tenemos nada que conservar de lo que nos ha aportado y nos sigue aportando esa religión? Sobre este punto, basta explicitar lo que se dijo más arriba (cfr. p. 83 y p. 84). La austeridad de la fe y de la cruz sólo puede expresarse de un modo humano, es decir, con signos sensibles que la pongan a nuestro alcance y con palabras que, por la mediación del superlativo, nos muestren la excelencia de esa suprema realidad siempre por encima de lo religioso propiamente dicho.

Con relación a esto, las relaciones entre religión y «fe en la cruz» guardan una cierta analogía con las relaciones de las formas religiosas con el entusiasmo místico. Así como los ritos y las representaciones visualizan el más allá «místico» que presuponen y superan, la religión, que es y sigue siendo la nuestra, tiene por vocación proporcionar a la fe y a la cruz –objeto de su impulso– la forma humana que necesitan para existir entre nosotros en esta «tierra oblicua».

Por decirlo de modo gráfico, la fe, por su función crítica, ha de renovar continuamente las formas religiosas que ella misma se da y, a su vez, es obligación de la religión hacer que la fe y la cruz, cuya representación ostenta, se abajen y acerquen a nosotros conforme a nuestra medida humana.

Existe otro aspecto incuestionable que la fe hereda del monoteísmo: la dimensión iconoclasta que no puede disociarse de su primer advenimiento. En efecto, la prohibición bíblica nos remite a un más allá de las imágenes, aunque sean tan pesadas como la tierra o tan etéreas como las figuras celestes o los conceptos intelectuales. Este componente indecible ha influido, probablemente, en el pensamiento de San Pablo cuando habla del más allá de la sabiduría y el poder. Añadimos otra referencia esencial: la cruz de Cristo no se puede pensar sin la imagen atormentadora del «Siervo doliente» que esboza en sus cantos el profeta Isaías.

Gracias a estos dos rasgos –que sólo pueden olvidarse por ingratitud o injusticia– el monoteísmo de Israel sigue presente en la fe cristiana. Por tanto, se impone el imperativo bíblico: ¡Escucha, recuerda, cristiano, Israel vive en ti y nunca te abandonará!

El cristianismo en el espacio religioso

1. La primera condición, por tanto, para que exista la «interreligión» –por utilizar un prefijo que se aplica a otros ámbitos– es que ninguna religión se apodere del espacio y quiera aspirar todo el aire. O, en la terminología de los conjuntos, que una religión no se constituya en «el componente total» que recapitula y fundamenta sin excepción todos los demás, al pensar que ella es su esencia oculta. Que esta condición representa una seria dificultad para la concepción tradicional de la unicidad cristiana, es del todo evidente e innegable.

El verdadero problema es saber si estamos de acuerdo con esta condición o si la rechazamos. Y si, al estar de acuerdo en virtud de otra interpretación del monoteísmo, no forzamos a nadie a acatarla. En este caso y presuponiendo en los responsables de las iglesias cristianas una conciencia perfecta de la unicidad por excelencia que confiesan, el problema está en determinar, diríamos *a priori*, la clase de relaciones que no admiten y las que consideran ajustadas a su postura de fe.

No obstante, se ha de reconocer que la unicidad por excelencia no puede ser otra cosa que integradora y, por eso, «el único», o sea el solo, está condenado, bien a la soledad solipsista, bien a una condescendencia altanera que sería la peor de las relaciones. Más adelante, tendremos ocasión de definir formas más flexibles de unicidad.

2. Las consideraciones que hemos de desarrollar implican la otra hipótesis (cfr. *supra*, p. 142-143), que, pensándolo bien, nos parece la más acorde con la lógica de la fe en cuanto «fe en la cruz de Cristo». ¿Cómo definir el espacio que calificamos de «inter-religioso»?

No nos sorprendamos de que una primera objeción lo pueda descalificar de entrada. La inserción en un ámbito de coexistencia pacífica sería, a nuestro entender, una forma de colocar las religiones, unas al lado de las otras, alineadas de forma que la originalidad de cada una de ellas se diluyera en una grisácea sucesión. La relación que existiría entre ellas sería pura equivalencia: tanto vale una como la otra o bien, si se toma *equivalencia* por «relación reflexiva, simétrica y transitiva», se tendría la satisfacción de afirmar que «si X tiene el valor de Y, e Y el de Z, X tiene el mismo valor que Z». Una ridícula satisfacción, por cierto.

Si en religión, como en música, existiera el pentagrama, nos resultaría más fácil notar la diferencia. Ahora bien, de esta manera una estaría más alta que la otra, o más baja que la otra, y la diferencia cualitativa se convertiría en jerarquía. ¡Lo cual sería intolerable! Lo inter-religioso, a fin de cuentas, vendría a significar que la calidad importa poco y que una religión no es más válida que otra. Escaso consuelo. Se acabaría en el reino, en inter-religión, de la universal indiferencia; o en la exigencia, hoy aceptable sin dificultad, de no tirarse a matar.

3. Nos es conocido ese afán que pretende fundir, sin distinción, tolerancia, equivalencia y indiferencia. O fastidio, tibieza y mediocridad. Algunos añadirían: más vale el frío o la hostilidad que una tibieza vomitiva.

De paso, se puede replicar que la tolerancia fue una larga y dura conquista. La prohibición del homicidio no fue para los fieles de las distintas confesiones religiosas algo que cayera de su propio peso: el ardor de la creencia les anestesiaba la conciencia *con todo derecho...*

Eso significa –y conviene repetirlo ahora– que la tolerancia no lo es todo. En su aspecto negativo, expresa con mucha exactitud un mínimo que condiciona el resto: el otro no es un enemigo. El otro, como yo, tiene derecho a que le respeten su diferencia. Cuando pensamos en la dificultad en aceptar lo que nos parece hoy una evidencia trivial, nos asombramos escandalizados de que se hayan necesitado siglos para lograr tal banalidad dentro de una religión del puro amor.

4. Reconocido el mínimo de esta manera, queda por recorrer el todo respecto de lo positivo de nuestras relaciones. Tendríamos, por eso, que conjugar las diversas relaciones que nos traen a la memoria las conocidísimas preposiciones que tenemos a flor de labios: *ser-hacia, ser-para, estar con* y *estar-entre* para terminar.

Si comienzo por el *ser-hacia*, es para significar de alguna manera la primera iniciativa que debería acabar con la indiferencia, la separación y, a veces, el menosprecio. El ser-hacia, en su más simple actuación, es reconocer plenamente al *otro como otro.*

Vuelvo a tomar de los autores medievales la expresión «otro como otro» porque me resulta muy bella. Se refiere, sobre todo, al terreno del *conocer*. En aquel tiempo, el homenaje *al otro tal como es* definía la inteligencia, el alma intelectiva como entonces se decía. Por contraste con los niveles de lo inorgánico y lo vegetal, la sensibilidad animal y humana daba muestras ya de la entrada victoriosa de una primera libertad.

El ser, en lugar de encerrarse en sí mismo, rompía con su enclaustramiento y se abría, en el caso del conocimiento humano, a un horizonte infinito y especificado, tanto en comprensión como en extensión, por la llegada del ser en cuanto ser como campo trascendental de la actividad intelectual.

A esta apertura se le unía un componente de generosidad. En vez de acatar solamente las obligaciones de la conservación, de la defensa o de la reproducción, el conocimiento comporta respecto al otro en cuanto otro el «interés sin interés» de una nueva atención. Esta noble atención no ha desaparecido en nuestra época explotadora de la naturaleza. Alienta la investigación como investigación por apremiantes que sean las finalidades pragmáticas asociadas a sus diversas tareas.

5. Trasladado este interés por el otro en cuanto otro al mundo religioso, es decir, el conocimiento en sus más altos vuelos, aquí se hace reconocimiento. Más exactamente, el ser-hacia se convierte en *respeto*. El sustantivo latino *respectus*, del que procede nuestro *respeto*, significa una «mirada hacia atrás», y también «mirada vuelta al otro, miramiento, consideración».

La mirada hacia atrás es indispensable. Las religiones tienen un pasado. El pasado cristiano, en particular, cuenta en su haber con muchas horas de terror y sangre. El principio evangélico de caridad se sustituyó, en esos tiempos aciagos, por un principio de conservación que era, en nombre de la perseverancia en el ser, respuesta al peligro del exterminio.

El Oriente religioso, al parecer, fue más pacífico. Se mantuvo, también y sobre todo, bastante lejos de la historia, preocupado como estaba principalmente por el alma individual y por su salvación. En Occidente somos más sensibles a la historia. Ahora bien, la historia puede contemplarse desde dos puntos de vista: como destino común y como función crítica también.

Crítica, la mirada del cristiano hacia atrás crea una conciencia clara de los errores y de las locuras. Al intentar liberar al porvenir de un pasado, no pocas veces, muy pesado de soportar, se deberían reconocer, a falta de un arrepentimiento explícito, las injusticias cometidas para con las demás religiones, tratadas muchas veces como agrupaciones despreciables y, en el mejor de los casos, como sombras significativas en las que se ocultan algunos valores nada desdeñables.

El respeto, como mirada retrospectiva, induce así a un examen de conciencia y a una exigencia de justicia que, en adelante, debería acompañar a todas nuestras relaciones con lo que, aún recientemente, sólo podía ser lo extraño. Conserva la naturaleza preliminar de la mirada que nos vuelve al presente del otro y que es, en el más bello significado de la palabra, *consideración*. Algo así como si, al mirar a lo alto, el otro como otro nos pareciese de pronto la estrella de la mañana.

Nunca será excesivo el insistir en este aspecto del miramiento y la consideración. Aquí, la terminología del ser en cuanto ser, en lugar de perdernos en una marea grisácea, se convierte inequívocamente en homenaje al «en sí de lo que es», al ser irreductible, juramentándonos a no hacerlo instrumento útil o simple relación de subordinación a nuestra excelencia. Las religiones tienen, por tanto, que pasar más de un cuarto de hora por la escuela del mutuo respeto.

Vayamos más lejos. El respeto, no obstante todas sus virtudes, nos deja una impresión de distancia; nos parece algo frío. El ser-hacia del que forma parte necesitaría, al término de su dinamismo, algo que fuera como el calor de una honda satisfacción: el gozo de que existe en el mundo y bajo el sol de Dios un ser distinto a nosotros, «para la gloriosa alabanza» de la luz común que ilumina a todo hombre, quienquiera que sea, y de la religión a la que pertenece.

6. El otro, reconocido en su ser como ser, según su «en sí», deja de ser ya el extraño. Para quien lo ve con esa consideración

–ya arraigada– que lo acepta «en lo que es», aparece, cara a cara, como quien por turno toma la palabra y la escucha. De esta manera, se accede a la comunión del «estar-con» y de la reciprocidad. No cabe pensar en ninguna intención utilitaria o polémica en este nuevo clima. Estamos en un plano en el que desaparecen los conceptos de inferior y de superior.

Para expresar el nuevo «estar-con», el léxico de la igualdad sería el más indicado. Pero el sustantivo *igualdad*, de hecho y de derecho, se aplica sólo a magnitudes mensurables. A falta de algo mejor, seguiremos utilizando esa palabra. Así pues, ¿somos iguales? ¿Cómo?

Se podría pensar en una «república universal de las religiones» cuyos ciudadanos serían todos los fieles de una determinada religión. Pero ignoro lo que sería, desde un punto de vista religioso, una república de este género. Los hombres religiosos, respecto de lo que se llama a veces «la realidad suprema», pueden tener una meta común. Y esta meta no puede ser objeto de un documento que definiera un fin de orden religioso como válido para todos, trascendente a cada religión.

A cada religión le corresponde, y a ninguna otra instancia, el determinar ese objetivo. Una *super-religión*, entendida como una religión general, análoga a la ontología general de triste memoria, vendría a ser la «religión natural» de las Luces. Nosotros conocemos demasiado bien la astucia de considerarla de nuevo «natural» para todos. Un panteón de religiones sólo tolera las difuntas. Nada más lúgubre como símbolo de un espacio interreligioso.

Por eso, sería necesario pensar en un objetivo meta-religioso que no fuera nada religioso, lo mismo que se habla de la «esencia de la técnica», que no es nada técnica; o «de la esencia de la piedad», que no tiene nada de objeto piadoso[10].

[10] Ver sobre este último punto el *Eutifrón* de Platón. El diálogo enfrenta al sacerdote Eutifrón, inexpugnable respecto de todo lo que depende de la rúbri-

¿De qué naturaleza podría ser ese objetivo meta-religioso que, por no-religioso, sería la misma esencia o fundamento de toda religión? En una perspectiva neoplatónica, el impulso místico que dimana del principio considerado la «nada por exceso» define la esencia no religiosa de la religión. Más arriba he comparado la fe, en cuanto distinta de la religión, a este impulso. Pero parece imposible convertir al neoplatonismo en espacio interreligioso y –bajo la modalidad de un estatuto meta-religioso– en juez supremo de toda religión.

7. De estas lucubraciones algo atrevidas, se deduce que el «estar-con» abre, ante todo, un espacio de expresión libre, cuyo modelo humano no es otro que el de la amistad. Quizá sea preferible otro término más afín a la conciencia religiosa, sobre todo en nuestros días, en que abundan comunidades a cuyos miembros les gusta más llamarse entre sí «hermanos» que amigos.

La amistad que Jesús contrapuso a la condición de esclavo acentúa más la libertad del ser y del actuar que la cercanía cordial. El servidor-esclavo «no es, ni por sí, ni para sí», por tener en otro el móvil principal de su acción. El ser libre, por el contrario, es y debe ser reconocido «por sí y para sí», pues es principio y fin a la vez de una actuación cuyos efectos se reflejan en el punto de origen[11], y éste no es otro que el sujeto o agente. El paso de esclavo a libre es, pues, la condición previa para una verdadera amistad.

El apelativo «hermanos» aparece mucho en los escritos del Nuevo Testamento. Debía ser una preferencia del pequeño grupo original cuyos fieles ponían en común sus bienes y sus diversas prácticas de «creyentes». La *koinonía* de la que hablan los Hechos

ca «objeto» o «el ente piadoso», y al filósofo Sócrates, que le interroga ya no sobre «el ente piadoso», sino sobre «el ser piadoso» o la esencia de la piedad. Me parece que la «diferencia ontológica», a la que tanta atención se le ha prestado desde Heidegger, tuvo sus primeras cartas credenciales en este diálogo de Platón.

[11] Así es como Santo Tomás, en su comentario a San Juan 15, 15 que yo me permito resumir, define respectivamente las condiciones contrarias de esclavo y dueño.

de los Apóstoles (2, 42) es a la vez *comunión*, por las relaciones verticales que unen a los creyentes en Jesús, y *comunidad* efectiva, en virtud de las relaciones horizontales que vinculan a todos con cada uno y a cada uno con todos. Por tanto, se puede hablar aquí de una «familia santa» cuyos miembros tienen derecho al nombre de «hermanos».

8. No parece que, a la vista de la variedad de creencias y prácticas en el espacio interreligioso, sea posible la «fraternidad» en el sentido estricto que acabamos de evocar. En consecuencia, se considerará el *estar-con* como una real amistad bajo el signo de «el ser libre».

Con todo, nada impide que el amigo sea también servidor, no por defecto, sino por sobreabundancia de una libertad que se siente obligada a ser generosa. Aquí, en esta amistosa generosidad, radican las relaciones que connota la expresión *ser-para*. De esta manera nace entre las religiones un ideal de servicio o un *ser para el otro*.

Este «principio de caridad» afecta no sólo al respeto a una coherencia doctrinal o a la optimación de posibles acuerdos, sino a una atención delicada a cuanto el otro nos puede brindar de su haber y su ser y que puede, tal vez, ensanchar las perspectivas de cada uno. Con vistas a una justa reciprocidad, sería de desear, de una y otra parte, una misma delicadeza para lo que somos o tenemos. Sería la ocasión providencial de un mutuo desarrollo.

Este ideal exige algo más que unos encuentros esporádicos. Necesita un interés sostenido por la función, tanto crítica como enriquecedora, que cada uno, en el espacio que nos es común, puede desempeñar respecto a su prójimo inmediato o al más lejano. No estamos todavía en ese punto fuerte del servicio amistoso. Tenemos derecho a soñar en su pronto advenimiento.

El conjunto de relaciones que se han especificado lo mejor posible, en una especie de fenomenología rudimentaria e improvisada, constituye lo que puede llamarse *el estar-entre* o el *aire-inter* que debería respirarse en ese espacio religioso, tal como se perfila en los albores del presente siglo. Este espacio no tiene nada del indiferente de corte newtoniano. Convendría identificarlo con un campo de fuerzas que no excluye ni las tensiones, ni las incomprensiones eventuales. Hay que saber arriesgar lo que uno es y lo que uno tiene. La virtud ecuménica que exige un espacio de esta naturaleza no se aviene ni a la diplomacia, ni a la fácil irritabilidad. Se necesita una perseverante escucha para que el «otro», por alejado que esté, llegue a ser el próximo de cada uno a fuerza de paciencia.

6

La fascinación del Oriente y el cristianismo en la actualidad

Introducción

1. La palabra *fascinación* no me parece demasiado fuerte para especificar la acogida que, en un sector occidental, concretamente en Europa, ha tenido lo que pudiéramos llamar «mensaje» del Oriente. De un Oriente que no es solamente el de las Mil y Una Noches o del esplendor de templos y palacios, sino también, y echando mano de la expresión platónica, el de «la región de la desemejanza» con riquezas insospechadas y tan fértil en promesas de futuro que uno está seguro, cuando va allá lejos, de que se darán cada vez más.

Ya en el siglo XIX, el filósofo Schopenhauer se percató de su «inmensa sobreabundancia». Lo poco que pudo descubrir de ella reducía a casi nada el eventual provecho que nosotros debemos a nuestros pensadores clásicos. Desde entonces, el estudio se ha hecho más intenso en todos los terrenos, en particular en los de la religión y la filosofía gracias a la traducción de los originales.

Los expertos que nos informan de sus hallazgos no ocultan su admiración. Una continua comparación con los filósofos «de casa» suscita bien una crítica por las carencias que colmarían las maravillas de lo lejano, bien una especie de apologética que demuestra, siempre comparativamente, que lo de allá, ciertamente, es mucho mejor.

Uno se sorprende de una valoración constante tan lejana de la rigurosa objetividad propia de los estudios científicos. Hay en ello una valiosa advertencia: ¿podemos contentarnos con un juicio imparcial, de verdad, sin mezclarlo, sea cual fuere la cosa de la que se hable, con los componentes axiológicos derivados de nuestra educación y también de nuestros deseos?

2. Este fervor admirativo se basa, sin duda, en el descubrimiento de un mundo, hasta entonces, muy desconocido. Así y todo, yo me pregunto si ese fervor no se explica, en parte, por el contraste entre un mundo cristiano cansado y envejecido y la esperanza de un hombre nuevo que pueda nacer bajo los rayos de un sol distinto. El «sol naciente» ¿no será el indicativo genérico de un Oriente que subraya, como contrapartida, el ocaso de un Occidente que está comprobando en profundidad que se merece la denominación etimológica de «sol poniente»?

Desde este punto de vista, la influencia que testimonian nuestros investigadores coincide con el atractivo que las religiones orientales despiertan un poco por todas partes, mucho más en Estados Unidos que en Europa. Piénsese en el número de practicantes de yoga. Es verdad que el yoga no es necesariamente religioso, como tampoco lo es el budismo. Pero ¿no es por eso precisamente –su aparente neutralidad– por lo que está influyendo tanto en nuestros países, cada vez menos interesados en las confesiones cristianas?

Se impone, por tanto, recoger en primer lugar, hasta donde le sea posible a un profano como yo, algunas de las perlas preciosas que nos ofrecen los escritos serios[1]. En la enorme profu-

[1] He aprendido mucho del Cahier de l'Herne intitulado *Nirvana*, París, L'-Herne, 1993, bajo la dirección de François Chenet, cuya tesis, defendida en 1997 y aún no publicada, lleva por título *Psychogenèse et Cosmogonie dans certains textes philosophies indies*. Las citas, en el texto, están tomadas de *Nirvana*.

sión oriental, distingo tres núcleos de interés que designo con los nombres respectivos de hinduismo, budismo y sabiduría china.

Hace tiempo, tuve la ilusión de comparar la Trinidad cristiana a esta impresionante tríada. Entonces pensé, engañado por un paralelismo comparativo de término a término, que al primero, bajo la dimensión del *brahmán*, le correspondía el Padre. Al reino del Hijo, en virtud de la Encarnación en el *cosmos*, le podía corresponder un cierto budismo según el *karma* y el *samsara*. Y, con respecto al Espíritu Santo, mi opinión era que la sabiduría china no era indigna de él.

Una ilusión de la que me acuso. Subrayo de esta manera hasta qué punto las comparaciones alentadas por una buena intención son engañosas. Informado más adelante por los escritos a los que he hecho alusión, intento ahora exponer una *idea*, como se dice, de las tres grandes tradiciones que forman el Oriente objeto de nuestra fascinación.

El hinduismo

El hinduismo, la más antigua de las importantes tradiciones indias, nace a la vez del vedismo y el brahmanismo y se distingue por una amplia literatura que definen, en parte solamente, los titulares de capítulos muy conocidos: los múltiples *Vedas*, las dos grandes epopeyas *Mahabharata* y *Ramayana* y, muy especialmente, las *Upanishads* que certifican su interés filosófico, etc. El *etcétera* es de rigor en el caso del hinduismo. En su conjunto, hizo de estímulo para la reflexión de Husserl. Me agrada recordarlo.

A esta riqueza se suman como complemento las numerosas escuelas: mimansa, vedanta, yoga, samkya, etc. Utilizo una nomenclatura que tomo de acreditadas obras. No es nada fácil elegir, aun en exposiciones muy eruditas, lo que conviene conservar como esencial o importante. Es posible que lo esencial haga referencia, cuando utilizamos ese término, a lo que responde mejor a nuestras expectativas. Mi deseo es no haber cedido demasiado a una subjetividad más o menos ansiosa.

Tres palabras se repiten constantemente en esta clase de discurso, porque caracterizan tanto al budismo como al hinduismo: *dharma* (el orden o la ley, en sus diferentes terrenos: cósmico, social, religioso...); *karma* (antiguamente, ley ritual; luego y por encima de todo, relación necesaria entre el acto y su ulterior retribución, buena o mala, en una vida futura); y *samsara* (el curso de las cosas como flujo universal, así como la inexorable transmigración). Se puede decir que las tres se encuentran en todas las tradiciones por heterodoxas que sean.

1. *Un ejercicio corporal.* ¿Por dónde empezar? Es, en verdad, un difícil problema. Me fijo en una peculiaridad que ha llamado la atención de todos los occidentales a los que el Oriente ha seducido. Me refiero al ejercicio corporal que promueve el yoga. Éste no es, como la gente puede creer, un aprendizaje de carácter *gimnástico* por variadas que sean sus prestaciones.

Se suele decir que es posible neutralizar sus connotaciones doctrinales. Y es prácticamente imposible. Lo que nosotros llamamos *neutralidad* no se conoce en la India. Conviene recordar que allí la postura adoptada originalmente no es indiferente. Acto religioso, siempre comporta un «valor liberador». Ahora bien, ese valor va unido a concepciones doctrinales que nos informan de nuestras servidumbres diversas. El yoga, entendido así, es una actividad salvadora. Toda identificación con una especificidad más o menos deportiva tergiversaría su sentido y su finalidad.

El ejercicio, en el yoga clásico[2], tiene su fundamento en una teoría sobre la postura. Ésta no es el resultado de un movimiento más o menos cómodo corporal. Posibilita «liberar el espíritu». ¿Cómo? La respuesta no es ninguna banalidad. Liberar el espíritu es centrarlo en el infinito. ¿Qué infinito? «El espacio infinito de Dios». Nada menos.

[2] *Ibid.*, p. 138-157.

El cuerpo, visto por nosotros según la dicotomía clásica: cuerpo-objeto o cuerpo-sujeto, adquiere aquí una dimensión totalmente nueva, desconocida de los filósofos, y no sólo de ellos. En contexto cristiano, hemos de reconocerlo, carecemos de algo parecido, a no ser que reactivemos reminiscencias paulinas acerca del «cuerpo espiritual» de resurrección. Y, por otra parte y conviene insistir en ello, el yoga, si fuera ascesis, no tiene necesidad de «actos mortificadores» (ayuno, azotes, etc.) que existen en numerosas espiritualidades de la cristiandad.

2. «El espacio infinito de Dios». La India ha reflexionado profusamente sobre este espacio infinito. Dios a menudo se asimila a un espacio, y ese espacio, a un vacío primordial. El cuerpo, como lo entiende el yoga clásico, debe configurarse a ese vacío primordial, en definitiva, a Dios mismo. Precisamos: «El cuerpo entonces se asemeja al vacío. Disociándose en el espacio, se asimila a la vasta extensión del cielo»[3].

El cuerpo empírico que le interesa al occidental sólo es la restricción constrictiva de un cuerpo más amplio, es decir, el cuerpo cósmico, que es manifestación de un cuerpo más sutil que propendo a asimilar al «cuerpo trascendental» o germinal.

El *yogui* –el asceta que practica el yoga–, elevado al vacío de ese espacio infinito y divino, deja de estar afectado por la pareja de contrarios. Se encuentra más allá, instalado en el absoluto de una serenidad cuya profunda calma repercute en el cuerpo. La inmovilidad del cuerpo, a su vez, favorece el acceso a la interioridad. Porque la unidad del ser requiere la concentración del cuerpo en una sola postura. Y la derechura de la postura hace coincidir la columna vertebral con el eje cósmico, de suerte que el centro del mundo se confunde con el centro de ese ser.

Un ideal como éste no se consigue en unos instantes. Es necesaria una serie larga de instancias que va de la inestabilidad inicial al perfecto dominio de sí. La actividad mental pue-

[3] *Ibid.*

de entonces ser suprimida a voluntad. Su supresión condiciona una experiencia no mental liberada de todo condicionamiento psíquico[4].

Ahora bien, la postura sigue siendo aquí el paso decisivo. Nos libera del mundo fenoménico para encaminarnos poco a poco a la raíz de nuestro ser. La verificación de un estado como éste no tiene necesidad de un control exterior. Quien se instala en él conoce por sí mismo su verdad. Y ésta se le presenta sin posibilidad de ilusión.

3. *La liberación*. La India, incluidas todas las escuelas, está obsesionada con la idea y con la incoercible necesidad de una liberación. Una liberación de nuestras servidumbres, es decir, de nuestras deudas. François Chenet precisa: «El mundo del absoluto es el mundo de la ausencia de deudas», más allá de la decepción y el dolor, por lo tanto, por encima y más allá del *samsara* y de su flujo, así como de la transmigración, es decir, de la «repetición indefinida de la misma pesadilla a través del encadenamiento indefinido de existencias».

Ésta es la ley del *karma*, ley universal del acto o de la «causalidad retributiva», en virtud de la cual «toda existencia tiene por causa la suma de todas las existencias anteriores, y soporta así mismo, como consecuencia y sanción, toda la serie de existencias futuras»[5].

La doctrina cristiana del pecado original no sería sino la pálida imagen de una realidad tan desesperanzadora. Sólo el despertar puede acabar con la pesadilla. Pero ¿cómo? La liberación no puede darse más que con el cese del proceso de acumulación. Cierto. Ahora bien, para acabar con él, hay que acabar también con esa «necedad» o ignorancia fundamental que ata al sujeto desgraciado al aluvión del futuro y de las existencias. La necedad desaparece solamente por la gnosis, por un conocimiento heroico que rasga el velo y desvela la ilusión.

[4] *Ibid.*, p. 140.
[5] *Ibid.* p. 82-83.

Para que sea posible una gnosis tan elevada, parece imprescindible una condición previa. Efectivamente, supongamos con algunas escuelas materialistas o nihilistas que no hay ningún principio espiritual, ¿qué sucedería entonces? Si se admitiera un presupuesto de esta naturaleza, ninguna instancia podría salvarnos del aluvión[6].

El materialismo para nosotros es una buena lección. Lo mismo niega la ley retributiva que la posibilidad de cambiar el curso universal de las cosas. Por eso, si se plantea como absoluto el imperativo categórico de liberación, se sigue que ha de existir en nosotros un poder de emergencia, es decir, un poder espiritual que asegure su cumplimiento.

Estructura de la liberación. La liberación, se supone, se presenta bajo dos aspectos. Uno, negativo, dejar de estar bajo el anterior régimen de servidumbre; y, en consecuencia, detener el terrible *samsara* así como la ley del *karma*. Se puede pensar que este mínimo es aceptado por todos, incluido el mismo budismo.

Las exégesis difieren en lo positivo de la liberación. Y esa positividad tiene también dos facetas, según se mire al sujeto o al objeto. Esto equivale a preguntarse, ante todo, por el deseo inmanente al paciente que aspira a su liberación. Nos atendremos a la concepción que defiende el brahmanismo.

4. *El atmán.* ¿Cómo se puede concebir el sujeto o casi-sujeto? La conocida expresión *atmán* que lo designa se presta a diversas interpretaciones. Es posible que, en el brahmanismo, la exigencia de un «sujeto» dotado de cierta consistencia fuera dictada, al menos en una primera aproximación, por la necesidad de encontrar algo invariable, o sea, un soporte del deseo. No cabe pensar en un deseo flotante y diverso que no radicara en una instancia deseadora.

Ahora bien, otra consideración menos directa es también plausible. Se refiere a la multiplicidad de las decisiones que

[6] *Ibid.*, p. 85.

constituyen al individuo, a saber, *ese concreto* que toda persona, digamos «normal», percibe o constata oscuramente en cuanto acompaña a todo su proceder bajo la forma de un esquema omnipresente.

El principio tácito que el pensador, en una ulterior reflexión, aplica a *ese concreto* según la pluralidad de sus decisiones, me parece ser el siguiente: «Toda multiplicidad participa de alguna manera del uno». Yo he tenido muchas ocasiones de recurrir a él. En pocas palabras, es el *principio henológico*. En los textos del *Vedanta* y de los *Upanishads* que se citan o se resumen, lo que sorprende por su repetición es precisamente este principio henológico.

A propósito de esto, y en un resumen discutible, uno se siente tentado a afirmar lo siguiente: mientras el Occidente filosófico nace bajo el signo del ser, y del ser consistente, el Oriente indio tiene poco en cuenta la ontología seria, porque la aspiración constante, el dinamismo profundo del alma, está bajo el signo del uno. El *atmán* o el *en sí* responde a esta tendencia.

Yo no pretendo afirmar que el lenguaje del ser esté ausente de estos textos. Sino que *el ser* del que se habla está penetrado por un postulado henológico: el ser como *uno* es lo que interesa, en última instancia, a un filósofo tan religioso como Sankara[7], cuya actitud en este punto concreto tiene un valor ejemplar.

Para reforzar la diferencia, añado una simple observación. Si el *uno* es ignorado por el Occidente filosófico, no por eso está menos subordinado al ser del cual es propiedad esencial, propiedad estimada trascendental. Plotino es una excepción. Excepción que de alguna manera lo hace mediador ideal entre las dos culturas. Por eso, para él, el ser no es más que «la huella del uno»[8].

[7] Junto con Ramanuja, uno de los dos importantes exegetas de la no distinción (entre Dios y el hombre).

[8] *Enéadas*, v. 5.5.6.11-13: «En los números la participación en la unidad ha hecho nacer la cantidad; aquí la huella del uno ha hecho nacer la esencia (de los entes) de tal suerte que el ser (de estos entes) no es más que la huella del uno», trad. de E. Brénier ligeramente modificada.

La fórmula, además, podría servir de indicativo del brahmanismo. Y podría definir, más generalmente, el pensamiento de la India. Es sabido hasta qué punto minimiza la pretendida sustancialidad de las cosas, con frecuencia asimiladas al sueño fugaz, ya se trate del universo mudo del cielo y de la tierra o de la pretendida solidez del mundo de los hombres. La inestabilidad, la fluidez, la transitividad, el plural de la evanescencia, todas estas pobres palabras hablan de la vanidad de lo que, ciertamente, no es más que la profundidad del sufrimiento humano. La pretendida solidez o fijeza de los entes es obra del deseo y de sus fijaciones.

Se comprende que esta existencia tan tenue y plural necesite un principio de unidad para sostenerse. Por eso, se hace imprescindible el *atmán* en todos los ámbitos para apuntalar la fragilidad del que existe. Tiene su forma humana en el «en sí», y su forma cósmica en un *atmán* más amplio. Pero ni el uno ni el otro bastan. Se necesita, además, una aditamento que no es algo superfluo. El *atmán*, como principio henológico universal de todos los niveles de ser, no es otra cosa que el *brahmán*.

5. *El brahmán*. La gente puede sorprenderse sólo a medias cuando el supremo, así nombrado, se presenta en muchos textos, no como el Uno absoluto, sino como el Ser absoluto; el cual no deja de evocar el Ser subsistente (*esse subsistens*) de Tomás de Aquino. La anomalía, con todo, es sólo aparente. En efecto, una simple reflexión sobre la fragilidad de lo existente apela enseguida, en casi-compensación y para sostener su evanescencia, a un principio que, siendo de un orden distinto, no deja por eso de estar menos en línea ontológica.

El principio llamado *brahmán*, por tanto, ha de considerarse como un Ser puro y fuerte a causa de un apoyo trascendental al pobre ser del ente. No es denominado sólo por su función, es que debe, para ejercer su función, tener la mayor densidad pensable de ser. Tampoco se puede uno extrañar de que su consistencia de ser puro apele a un cortejo de atributos de perfección ontológica, elevados al superlativo más extremo como sucede en las teologías clásicas de los nombres divinos.

Pero esto es sólo un primer momento. Una segunda consideración, unida al *uno* como tal y no ya al *ser*, es capaz de aceptar favorablemente no ya el principio de ser, sino el de unidad. La relación del ser y del ente, del ente como imagen del ser, es sustituida en adelante por la relación del Uno-principio y de su huella. Porque el principio no es nada de lo que procede de él. Por consiguiente, la huella no puede ser imagen. Rompe con el régimen de similitud.

La razón de esta distinción entre «causa» y «principio» no es obvia, pero no es difícil de aclarar. Si el efecto se asemeja a su causa, es necesario que la relación de similitud inversa –inevitable, se diga lo que se diga, cuando se trata de las relaciones estáticas de equivalencia– incluya en el mismo género, es decir, bajo el signo de la simetría, el Origen supuesto. En esta reciprocidad especular, los atributos humanos, por ejemplo, incluso traspuestos según un exceso infinito, llegan a ser los atributo del Creador.

En estas circunstancias, la novedad de la criatura no es más que la reduplicación de un preliminar que la antecede desde toda la eternidad bajo las especies de una pre-existencia. En cambio, en virtud de la distancia imperativa que el principio mantiene con relación a la huella, lo que de él procede tiene la absoluta novedad de lo que no existía y carecía de toda razón de ser en un antes eterno. La diferencia resplandece en la imposibilidad de similitud.

Puede objetarse que el Uno sólo puede hacer el uno, lo mismo que el Ser sólo puede dar el ser al ente. Pero, a diferencia del Ser y de sus atributos constitutivos, el *uno* no es más que un nombre de función y no de esencia. *Él da y sólo puede dar lo que él no es y lo que él no tiene*. La diferencia es indeleble.

6. *Atmán y brahmán*. El problema más delicado formulado a los maestros del *Vedanta* y de los *Upanishads* atañe a la distinción entre el *atmán*, el en sí humano en particular, y el *brahmán*, al que también se le llama *atmán*.

En el neoplatonismo, sobre todo el de Plotino, cuya afinidad con el brahmanismo se subraya, es imposible confundir el Uno del Origen con el mundo inteligible de los «espíritus». Éste manifiestamente está en otro nivel, especificado la mayoría de las veces por la expresión *el Uno que es*, para indicar con un aditamento de ser la condición de huella que, por eminente que sea, es y sigue siendo la suya.

La situación es menos clara en contexto indio. Sin querer zanjar la cuestión, se puede decir –y es lo menos que se puede decir– que la mayoría de las veces se identifican. Se observa, en efecto, un intercambio tan constante entre los dos términos, que la distinción, suponiendo que exista, corre siempre el riesgo de desaparecer. El centro metafísico del ser humano se desliza, así, insensiblemente, hacia el centro universal. De ahí las expresiones paradójicas que cita François Chenet: «Lo que yo soy es el *brahmán*», «el absoluto, he ahí lo que en realidad eres», «la naturaleza del *brahmán* es el puro conocimiento»[9].

Con toda probabilidad, estas audacias lingüísticas no habrían escandalizado al Maestro Eckhart. No temía alborotar a su auditorio con semejantes expresiones o inquietar a los teólogos expectantes. El problema que se suscita es común a las tradiciones místicas de ambas orillas. Podemos preguntarnos el porqué. La respuesta más probable habría que buscarla en la «constante henológica» de cuya importancia hemos hablado.

Del ser al ente, la diferencia está asegurada por los vocablos que la acentúan. Su apoyo lo tiene en el lenguaje. Sin embargo, se diluye cuando el mismo vocablo sirve para ambos usos: el *uno* de cada hombre y el del universo. Por otra parte, el equívoco no se podría percibir por el fervor de la unión que exige de ambos centros que sean uno, porque ése es el deseo más profundo del alma. Luego, la separación se hace insoportable por la división que implica y por oponerse a la fuerza del impulso.

[9] F. Chenet, *o.c.*, p. 99.

La plegaria de Jesús «que todos sean uno, como tú, Padre, estás en mí y yo en ti» (Juan 17, 21) plantea un problema análogo, a despecho del «nosotros» de pluralidad. En el fondo, si se acepta esta lógica, no podría haber muchos centros. El axioma spinoziano ya citado –«todo lo que es, es o en sí, o en otro (que es en sí)– es una manera de decir que se podría escapar a esa necesidad.

7. *El cumplimiento.* ¿Cuándo se puede hablar de cumplimiento? ¿En el momento de la muerte, como si el final de la vida coincidiera con el cumplimiento perfecto de su finalidad? De nuevo surgen opiniones diferentes. Unos piensan que se ha de esperar a la muerte para abrirse al horizonte de plenitud. Para otros, el ideal se alcanza a lo largo de la vida. Es la postura brahmánica.

Pero ¿se trata de un despertar repentino o de un progreso meticuloso? Una vez más, los debates cobran fuerza y los argumentos, también. Por expresarlo con los términos de François Chenet: ¿se trata de una «mística evolutiva o de una mística de la súbita revolución?»[10]. Hacia el 792 de nuestra era, existió en China una controversia sobre el particular. ¿Se da el paso del finito al infinito de un salto irracional? Lo esencial, sea cual fuere la forma de darlo, es alcanzar el Absoluto y fundirse con él.

El budismo

Tanto se ha escrito sobre el fundador del budismo que pedimos excusas por repetir, a modo de introducción, lo que una historia maravillosa nos ha enseñado. La historia de un príncipe que, impresionado por las miserias de este mundo (vejez, enfermedad, muerte) se despierta a la deslumbradora verdad, elige el camino a seguir y, movido por una extrema compasión hacia una humanidad errante y dolorida, propone las nobles verdades que ya conocemos.

[10] *Ibid.*, p. 92.

«El camino del Medio» que él descubrió «otorga la visión y el conocimiento». «Conduce a la paz, a la sabiduría, al estado de alerta y al Nirvana». Todo es, ciertamente, sufrimiento y no permanencia. Lo podíamos suponer. Pero desconocemos la causa de ese sufrimiento-impermanencia. La causa no es otra que el deseo. «La avidez pasional del deseo, la sed de existencia y placer», «produce la re-existencia y el re-devenir».

Por consiguiente, la noble verdad es ésta: «la calma perfecta de esa sed es renunciar a ella, desprenderse y liberarse de ella». Y para liberarse, «la palabra justa, el pensamiento justo, el esfuerzo justo, la concentración justa». Todo, pues, se reduce a esa justeza que excluye tanto el placer extremo como las mortificaciones excesivas[11].

1. *Medicina de salvación*. Es obligada una primera reflexión acerca del semi-programa que se desprende del Sermón de Benarés. Buda no funda una religión, ni tampoco una filosofía que, según la acepción conocida en Occidente, se distingue de un ordenado conjunto de prácticas espirituales. En el budismo tomamos contacto con lo que pudiéramos llamar *medicina de salvación*. Medicina en un sentido muy amplio respecto a lo que, en nuestra tradición, recibió dicho nombre; pero que diagnostica, como toda medicina práctica, una enfermedad, determina su causa, propone los remedios y, de esa manera, asegura la salud justa.

De paso notamos que una religión de salvación, como el cristianismo, también es medicina de salvación-liberación. En él encontramos los mismos componentes: diagnóstico, etiología, medicación y salud-libertad. En estos cuatro pasos se describe una misma secuencia configurada según el doble esquema: causa-efecto, medios-fin. La diferencia entre ambas concepciones no por eso es menos evidente.

[11] Yo tomo estas citas del Sermón de Benarés en Denis Gira, *Comprendre le Bouddhisme*, 5.ª ed., París, Bayard/Centurion, 1989, p. 39-40.

El cristianismo espera purificar el deseo. Su pretensión no es abolirlo, sino alcanzar plena satisfacción en la visión beatífica. El proyecto de Buda es muy distinto. Pretende anular el deseo, pues es el mal radical del que proceden nuestras desgracias y, además, la textura del universo de las cosas. El mundo no es la representación que expresa nuestro pensamiento. Es la resultante de un afecto mórbido tan pérfido como inconsciente. De él resultan la susodicha inflexibilidad a la que hacen honor nuestras leyes y las apariencias ilusorias que nuestra cotidiana percepción erige en firmezas permanentes.

La gente tiene derecho a preguntarse acerca de estos preámbulos. La impresión que causa la miseria da pie a la absolutización de la desgracia a modo de un primer principio. Pero ¿sólo hay esto en el budismo? Sería ridículo pensar que la alegría está ausente o que el arte es algo maldito. Todo lo contrario.

También le está permitido preguntarse si la insistencia en la fluidez de la impermanencia no se corrige por el *dharma*, esa «ley inmanente, eterna e increada» que «gobierna todo en el universo», que «existe independientemente de la presencia o ausencia de un Buda, que sólo se limita a constatarla»[12].

El occidental que soy opina que el *dharma*, como ley, sea cual fuere su dominio, debe escapar a la no permanencia. Luego no se puede confundir con un elemento del flujo universal.

2. *La crítica del sí mismo.* De todo cuanto un profano puede conocer del budismo, la negación del *atmán* es, indiscutiblemente, la tesis de mayor resonancia. Ahora bien, sería un error pensar que el Occidente, científica o filosóficamente, no ha presentido nada semejante. La reducción del *Yo* a un conjunto o agregado de factores psico-orgánicos está lejos de ser una excepción.

[12] D. Gira, *o.c.*, p. 37. *Dharma* significa también la enseñanza del Buda cuyo objeto es precisamente esa ley universal. Así mismo, «*dharma* es todo objeto de conocimiento o sensación», etc. «En un sentido más amplio puede significar la ley moral, la virtud, el deber».

Dicho esto, podemos sostener que la afirmación del *yo* sigue siendo, no obstante estas interpretaciones minimizadoras, una de las características de nuestra historia hecha de triunfos, dominaciones y apropiaciones. Más que la idea de persona, en el sentido metafísico de sustancia, es el relieve de las *individualidades* poderosas en la secuencia de lo diario lo que sensibiliza más bien «la cosa» y retiene la atención cuando hablamos del *yo* o del *mí*.

El budismo y, en primer lugar, su fundador no vería en esas seductoras afirmaciones más que una fantasía del deseo. Conviene explicarse más en este punto. En la interpretación de algunos textos, la ignorancia parece más fundamental que el deseo, cuya radicalidad se afirma en otros textos. Sea lo que fuere, y sin invocar una causalidad recíproca entre ignorancia y deseo, nos sentimos obligados a respetar el sesgo «ético» de la negación.

En efecto, la negación del sí mismo no depende de un debate desinteresado que se cuestiona «las cosas tal como son». Viene exigida por una opción inicial que pone como fundamento su necesidad. No puede ser de otra manera. Todo intento, sin ella, estaría condenado a la nada.

Con todo, no sostengo que las cuestiones llamadas especulativas estén ausentes en un budismo que tantos doctores perspicaces ha visto pasar. Uno de ellos, al que desconozco, preguntándose por el sufrimiento de no permanencia, quizá tuvo el coraje de cuestionarse lo siguiente: si la impermanencia es un sufrimiento tan hondo ¿no será porque la aspiración a su contrario es inmanente a todo sufrimiento? El mismo *nirvana*, ¿no será, en contra de lo que se cree, el deseo de un descanso indefinido?

3. *El problema de las reencarnaciones*. ¿Qué es lo que se reencarna? Pregunta crucial. Porque si nada subsiste, ¿a qué viene hablar de metamorfosis o de transmigración? Para resumir las explicaciones aportadas, hay que precisar que «los cinco agregados: corporeidad, sensaciones, percepciones, composiciones psíquicas y conciencia», están superdeterminados o, si se prefiere, «aureolados» de un vínculo, de una señal, –digamos– de un estilo de vida que les confiere la unidad de algo invariante. En este sentido, como precisa Denis Gira[13], «se puede hablar –más bien yo diría que se debe hablar– de una permanencia del individuo de una vida a la otra».

Acepto que el «individuo» en cuestión no es ni un alma, ni una sustancia, ni una persona. Pero confieso que se asemeja mucho, por esa marca individual de continuidad, a nuestra función *Yo*, que tampoco exige alma ni sustancia. En todo caso, si la impermanencia es indisociable de la no sustancialidad, nos vemos obligados, por la lógica de los textos, a plantear algo invariante de continuidad, tan sólido y permanente que, cosa increíble, sobrevive a la muerte y se vuelve a encontrar intacto, como vínculo de lo múltiple, en las innumerables sucesiones que abarca el *samsara*.

La similitud con la función *Yo* se confirma cuando se enseña que nuestros actos no solamente nos siguen, sino que, en contexto budista, «el acto siempre va unido a lo que llaman "la volición mental de reexistencia". Esta volición, que implica la voluntad de vivir y existir, se manifiesta en acciones buenas o malas (...) Este nexo del acto con la voluntad, con el deseo y con el ansia de afirmarse, comunica su especificidad al acto kármico»[14].

¿Estaríamos, pues, en presencia de una sucesión tan inquebrantable como nuestro conocido determinismo? En ciertos aspectos, así se podría creer, porque la ley de causalidad, bajo la forma de la «producción condicionada» («si esto es, por tanto aquello es») parece tan evidente aquí como entre nosotros. ¿Cómo salir de esta férrea ley? Pero... preguntarse cómo salir de ella significa que es posible salir. La solución budista hay que abordarla con más matices, suspendiendo, en la medida de lo posible, nuestras propias posiciones cristianas o racionalistas.

4. *El nirvana*. Al ser un sustantivo en uso entre nosotros, podría parecer que el sentido de *nirvana* está claro y es un vocablo

[13] *Ibid.*, p. 52 y s.
[14] *Ibid.*, p. 56.

de uso unívoco. Y, sin embargo, ¡cuántos errores cometidos en nombre de esa fácil comprensión de una realidad –suprema, a su manera– que desde siempre está rodeada de una impenetrable oscuridad! La misma tradición budista nos advierte que *eso* está envuelto en una nube de desconocimiento o de inefabilidad que excede todo deseo de conocer y expresar.

De estas faltas de cabal comprensión podemos eludir al menos una de las más serias, la que de inmediato nos viene a la mente, a saber, una vida después de la muerte análoga a la visión beatífica de los teólogos. Como recalca Denis Gira, corremos peligro de pensar el *nirvana* como un estado de ultratumba o como «estado que existiría una vez el individuo o el sí mismo se hubiera aniquilado»[15].

Nada de eso. En primer lugar, porque el «sí mismo» supuesto en la primera interpretación no tiene sentido en el budismo; en segundo lugar, porque lo que se ha de extinguir (el *nirvana* es una «extinción») es, lo sabemos, el ansia infinita de vivir causante del deseo. La extinción atañe justamente a esa sed que nos encadena al *samsara*. Ahora bien, la extinción no es instantánea. Hay que trabajar en ella con un esfuerzo constante y durante toda la vida. La leyenda afirma que Buda alcanzó ese estadio cuarenta años después de su despertar.

Y ese esfuerzo concreta en actos «el óctuple camino» que nos brinda «la cuarta noble verdad» del sermón de Benarés. La tradición divide los ocho elementos de este camino en tres grupos que Denis Gira compone de la manera siguiente:

1) Conducta ética (palabra justa, acción justa, medio de existencia justo)
2) Disciplina mental (esfuerzo justo, atención justa, concentración justa)
3) Sabiduría (comprehensión justa, pensamiento justo).

[15] *Ibid.*, p. 63.

Del budismo siempre se pueden discutir las posturas teóricas relativas a la realidad o a la quimera del mundo. Pero del óctuple camino sólo se puede admirar la sabiduría que dictó sus diferentes etapas. Él, en mi opinión, podría constituir eso que me gustaría llamar «el sentir común» de las grandes religiones, sin entrar ahora en la manera, propia de cada una, de ponerlo en práctica.

5. *Cuestiones.* Aunque no se pueda decir nada de él, salvo la palabra «extinción», el *nirvana* ha hecho pensar mucho. Lo mismo ocurrió con el Uno del neoplatonismo, también él más allá de toda palabra y de todo pensamiento. Como es sabido, las teologías negativas no son menos charlatanas que las teologías de la eminencia que subliman la afirmación ontológica con el superlativo de las excelencias reunidas.

La tradición budista china de los siglos V y VI, por citar sólo este caso, se preguntó, de forma análoga, acerca del estatuto de ese «no-ser supremo, más allá del ser y no-ser» en el que recae la «sabiduría del santo». El *nirvana* «es lo que los chinos llaman el no-actuar, tanto más eficaz cuanto que no se mezcla con cualquier voluntad intencional. Mientras el budismo reconoce el valor del acto sin reconocer la existencia del agente, la tradición taoísta admite la existencia del agente, pero no el acto».

Enseguida se descubren las diferentes interpretaciones. A la tesis clásica de la extinción pura y simple se opone «el gran Nirvana», que implica la visión, beatífica y permanente, de un Buda cuyo «gran yo, trascendente tanto al no-yo de los budistas como al yo de los no budistas» sería, con título de naturaleza universal, inmanente a todo ser sea cual sea. Luego, existe «latente en cada todos nosotros, un *nirvana* que nos constituye y que, una vez revelado, pondría fin», por inversión, a la miseria del *samsara*[16].

[16] Cf. Christine Barbier Kontler, «Tradition bouddhique chinoise des V et VI siècles», *Nirvana*, p. 301-310. Las citas se refieren a este estudio. En la misma revista, se pueden leer importantes observaciones acerca de los avatares del Absoluto en el budismo chino, p. 311-321; y sobre la vuelta al origen en el mundo maravilloso del taoísmo, p. 287-300.

La riqueza de las especulaciones en estos ambientes de fervor espiritual y de intrépida reflexión no cesa de invitar al lector occidental a descubrimientos sorprendentes. En particular, habría que reflexionar sobre las relaciones de la conciencia y el espacio, más exactamente sobre la conciencia como espacio de pura indeterminación «por exceso». Me limito con pena, y para no entrar en discusiones demasiado sutiles, a estas pocas consideraciones, que, lo reconozco, sólo son un «aperitivo».

La sabiduría china

A la profusa especulación budista, la *sabiduría* china, digamos más bien *cierta sabiduría*, vendría a oponer un voto solemne de continencia. Una reciente obra de François Jullien con el provocador título de *Un Sage est sans Idée, ou l'autre de la philosophie*[17] subraya, con mucha fuerza, lo absoluto del contraste. Se trata nada menos que de encontrar, para la filosofía, un cierto espacio que no se atreve a ocupar porque sería cuestionable. Aunque parezca mentira, tampoco se trata de otra filosofía, ni siquiera de un más allá de la filosofía entendido como olvido metafísico del ser y como triunfo del ente, sino de ese «algo distinto de la filosofía» cuya preocupación ontológica sería, por así decirlo, la menor de las preocupaciones.

Lo otro, lo distinto de la filosofía nada tiene en común con «el absolutamente otro» que, en tiempos de la Reforma, y sin llegar a las «teologías negativas», designaba a un Dios sin relación con el dios de los filósofos. El sabio, neutral con respecto a teologías, religiones y filosofías, sería, como algo distinto, sujeto de una suspensión más radical que la suspensión de la filosofía, puesto que él es, y eso por definición, el otro, el distinto del filósofo, sin llegar a ser, claro está, «el absolutamente otro».

[17] París, Le Seuil, 1998, col. «L'Ordre philosophique». Las citas con sus referencias remiten a esta obra. (Hay traducción en castellano: *Un sabio no tiene ideas o el otro de la filosofía*, Madrid, Siruela, 2001).

1. A este respecto, conviene añadir que habría que tratar de superar el budismo, ya que éste, al contrario de una concepción superficial, se revela sorprendentemente cercano, a despecho de la diversidad de los contenidos, a la problemática de la filosofía occidental. Tampoco olvidemos que China, lo mismo que la India y el Occidente, conoció escuelas florecientes de filosofía. El sabio en cuestión, justamente por carecer de ideas, nada tendría en común con las filosofías chinas. Pero entonces, ¿quién es ese ser singular?

Guardémonos, ante todo, de interpretar esa falta de idea como un más allá místico del «ser y del pensamiento». No hay nada de misticismo o misterio, ningún «apofatismo» existe en esa sabiduría sin ideas. Entonces, ¿quién es ese sabio que despierta admiración al mismo tiempo que corremos el riesgo de concebirlo, al ser para nosotros un enigma, dentro de la categoría de lo «misterioso»?

Escapa de estas categorías peligrosas por una peculiaridad sin excepción que hace de él un hombre ordinario. Pero ¿cómo es posible ser una persona sin cualidades distintivas, lejos de toda diferencia o diversidad, en una palabra, un hombre del común?

2. *Hombre del común*, con todo, se ha de entender en un sentido muy especial. Se puede comprender sólo en continua referencia a cuanto ha representado –y representa todavía– la filosofía según la concepción griega que la dejó marcada para siempre. La sabiduría del sabio es lo otro, lo distinto de la filosofía. Júzguese por estas pocas palabras de los *Encuentros* atribuidas, según François Jullien, a Confucio, «el que mejor la encarnó en China»:

> Las cuatro cosas de las que el maestro estaba exento: estaba sin pensamiento (privilegiado), sin necesidad (predeterminada), sin posición (definida), sin yo (particular)[18].

[18] *Ibid.*, p. 21.

Enseguida caemos en la cuenta de que la sabiduría confuciana –en este cuarteto que tan bien la presenta como absolutamente al margen de la filosofía– es de un común bastante singular. Los mismos términos del enunciado revelan un lenguaje que no es el de la vida diaria. En el mejor de los casos pensaríamos que su lector más indicado sería un filósofo o al menos alguien afín. Lo cual permitiría pensar que el maestro de sabiduría no ignoraba la filosofía. Así es, las «cuatro cosas» de las que está exento el sabio forman parte de un léxico al que, por especial afectación, estamos hechos los filósofos.

3. *Sin ideas.* Tomamos la fórmula al pie de la letra. «Sin ideas» quiere decir evidentemente «libre de ideas». «El sabio –escribe François Jullien– está sin ideas, porque no siente preferencia por ninguna (ni, por eso, excluye alguna) y aborda el mundo sin proyectar sobre él una visión preconcebida», porque «mantiene abiertas todas sus posibilidades».

Yo me pregunto si un filósofo serio no podría ratificar sin problema ese primordial «estar sin». El ideal del que hablaba Husserl de «ausencia de todo presupuesto», en mi opinión, responde al «sin ideas» confuciano. Pero, en estas condiciones, ¿no se asemeja la filosofía occidental a esta sabiduría? Es de desear, por tanto, que se precise la diferencia o pretendida diferencia que, en este punto, distinguiría teóricamente al «sabio sin ideas» del filósofo occidental cuya «rigidez» se critica.

Ciertamente, se le podría reprochar a dicha filosofía haber traicionado sus promesas. Pero ¿qué hay del sabio? Lo que se nos dice de él representa un «ideal», ciertamente admirable, pero nada nos asegura que se confunda históricamente con la realidad. La vía del sabio, como cualquier otra vía, consiste precisamente en hacer que uno llegue a ser lo que es, sabio o filósofo. Pero ni el primero, ni el segundo están seguros de alcanzar esa meta. Luego la sabiduría ¿sería también un programa que rechaza la predestinación?

4. El sabio sin ideas está también «*sin necesidad* (predeterminada)». Esta nueva precisión, según la interpretación dada[19], parece dimanar de la primera. Abierto a todas las posibilidades y sin presumir ninguna, no existe el «es necesario» que se le impone al sabio y que predetermine su conducta. «No codifica ninguna necesidad por adelantado», se trate de normas de moral o de máximas personales. En consecuencia, él, en el caso que nos ocupa, sólo podría moverse dentro de una casuística en el más amplio sentido de la palabra. Según las circunstancias, se procede caso por caso de acuerdo con la apertura ilimitada a un mundo del que «se abraza toda diferencia».

Por tanto, la diferencia circunstancial, y sola ella, es la que decide y determina la indeterminación de principio. Y si es así, no importa, con tal que venga de fuera, qué es lo que en última instancia constituye la determinación. Nada por principio. Luego no cabe la calificación moral. Y, entonces, poco importa que se trate de una oportunidad banal de pasear o de la violación de una chica o el asesinato de un transeúnte, si el corazón os lo dicta. De cualquier forma, el acto es perfectamente gratuito, sin motivo necesitante, lo mismo que la inmortal rosa de Silesius, que, como sabemos, es «sin porqué».

La conclusión parece inevitable: libre de todo antecedente, indeterminado por principio, lo de fuera, es decir, el mundo en su innumerable diferencia es el que determina la diferencia interna del sabio. La necesidad que se excluye reaparece de otra forma: lo de fuera orienta lo interno.

5. La importancia de la situación. Ahora bien, la situación no se encuentra sometida al régimen de la pura exterioridad. Aunque el sabio no esté «en ningún lado» por no privilegiar nada y poder abrazar todo, sabe, sin embargo, «comprometerse cuando la situación lo exige». Pero ¿qué quiere decir «la situación lo exige»?

[19] *Ibid.*, p. 22.

Respuesta: «cuando conviene ser rico, el sabio es rico; cuando conviene ser pobre, es pobre», etc. «En una palabra, el sabio toma partido pero sin partido tomado»[20]. Toma partido según lo que conviene. Ahora bien, la conveniencia no está inscrita en las diferencias del mundo. No procede puramente del exterior. Lo mismo que la ocasión, la situación, por externa que sea, tiene un sentido que depende de nosotros.

Lo conveniente, a su vez, es una relación de adecuación a eso que hay que llamar una inclinación o propensión, que no es seguro que obedezca a la sola discreción de nuestro libre albedrío. Por eso mismo, representa un peso que, con su presión, marca la indiferencia de la sabiduría. En un ser humano, no se disocia de un juicio sobre lo que le conviene. Le precede a modo de un *a priori*.

Esto no deja a la libertad menos íntegra para una valoración de segundo grado, el juicio regulador o de regulación. La regulación, aquí en cuestión, ha de respetar la indiferencia de la suprema serenidad que libera a la decisión que se adopta de la misma decisión adoptada. Piénsese en el quietismo, que también sometía una decisión ética al absoluto de la indiferencia por encima del bien y del mal. Quietismo que no deja de evocar la perfecta indiferencia del alma neoplatónica, obligada a practicar el «justo medio de contrarios».

Aunque se haya hecho una elección, no por eso la indiferencia deja de ser la fuerza reguladora que impide el quedar prisionero de la propia elección. En este sentido, se dice de Confucio que está «más allá de los calificativos: ni es intransigente, ni no intransigente», porque «es capaz, según las situaciones, de los dos extremos», tan intransigente como los más intransigentes cuando es necesario, aceptando no obstante «el comprometerse con el mundo si tiene fundadas esperanzas de poder cambiarlo».

«Confucio no tiene ideas [...] no sólo porque toda idea es demasiado individual» o particular, sino también porque toda

[20] *Ibid.*, p. 24.

«idea es demasiado general». Se conserva de esta manera una normatividad, la de lo posible considerado realizable, es decir, lo adecuado a la situación. «El continuo justo medio de la regulación» consiste en la flexibilidad de variación «de un polo al otro». «El justo medio está en la posibilidad idéntica de los extremos»[21].

6. Hemos comprendido por qué el sabio, al estar «sin ideas», no puede sino estar *«sin una postura fija»*, no predispuesto a condenar sea lo que sea. Pienso para mis adentros en eso horrendo que, en estos últimos tiempos de nuestra historia, tanto ha contribuido a hacernos tanto daño, hasta el punto de asimilarlo al mal absoluto. ¿Cuál es la postura del sabio ante ello?

En virtud de su indiferencia reguladora y de la serena igualdad entre los extremos, se ve obligado a ignorar semejante obsesión. Lo horrendo, en efecto, es una eventualidad que no se puede condenar en nombre de ningún absoluto. El absoluto es una fijación. Pero la obsesión ¿no es para el sabio, si no el mal absoluto, sí, al menos, el mal por excelencia?

La lógica del justo medio entre un polo y otro impide, pues, posturas tan radicales. El sabio puede, ciertamente, rechazar lo horrendo y no comprometerse con esa lógica, pero está contra la intransigencia unilateralmente determinada. Más exactamente, volvemos a decirlo, él no es ni intransigente, ni no intransigente. Su flexibilidad es sólo la otra dimensión de su indiferencia. Por eso, no puede participar en nuestra intransigencia ante lo horrendo.

En el conflicto de contrarios, Confucio, entre lo horrendo y lo no horrendo, entre la intransigencia y el compromiso, se mantiene sin formular un juicio o una idea. Sabe que la sabiduría rechaza la obsesión, es decir, lo absoluto, que es su imagen tradicional. No se puede, pues, derivar ni a una anomia generalizada ni a compromisos fáciles. Llegamos a que las normas, de las que no se nos dice ni cómo las concibe ni por qué razón las adopta, sólo pueden acoplarse a la relatividad de las circunstancias. No

[21] *Ibid.*, p. 25-28.

son ni eternas, ni inflexibles. El sabio está, en su apertura total, bajo el signo de lo posible.

7. *Sin yo particular*. Es la última definición de la sabiduría. La carencia de un yo particular resume las anteriores definiciones. Esa carencia muestra lo más sobresaliente de la sabiduría. «El sabio, en efecto, está *sin yo*, porque, al no conjeturar nada a título de idea preconcebida, ni proyectar nada a título del imperativo que cumplir, ni permanecer tampoco en una postura determinada, nada existe, en consecuencia, que pueda individualizar su personalidad»[22].

Se dice que está «sin yo», porque el *yo* necesariamente es particular, está ligado, por definición, a una perspectiva esclavizante, a una dimensión de las cosas, cuando de lo que se habla es de una apertura «a la totalidad de un proceso tan amplio como el cielo». Del sabio, no hay «nada que decir, nada que alabar, no tiene carácter ni cualidad»[23].

El yo al que, en realidad, llegamos es la fuente de todas las peculiaridades que hay que excluir y síntesis de todas ellas. Ahora bien, el sabio se libera de ese yo, para igualarse a la indeterminación por exceso de un cielo que tampoco «tiene carácter ni cualidad». Inducidos por la literalidad de lo expuesto, quizá se esté pensando en «el hombre sin atributos» de una novela célebre. Ahora bien, el sabio tiene otras referencias menos vagas; entre otras, la ya citada del alma intelectiva «sin más naturaleza que poseer todas las naturalezas por el conocimiento» (cf. *supra*, p. 113 notas 2 y 3).

8. Y ¿qué significa exactamente la expresión «individualización de la personalidad»? Si nos atenemos estrictamente a la letra del texto chino, parece que la personalidad del sabio no se reduce al yo, ya que el yo la restringe con sus límites. Goza ella de una amplitud que la iguala a la indeterminación por exceso de un cielo sin nubes por encima de nuestra tierra demasiado terrena.

[22] *Ibid.*, p. 23.
[23] *Ibid.*

¿Habría entonces que dotar al sabio de un *ego* muy próximo a un Ego trascendental?

Si se justificara la cercanía, sería imprudente asociar la sabiduría china a la budista, negadora de todo género de *sí mismo*, manteniendo sólo una individualidad provisional sometida a las ilusiones del deseo y llamada a desaparecer en los repetidos destellos de un puro y simple ascetismo destructor.

Así pues, parece que el sabio tiene un *en sí personalizado*. Por muy particularizada que esté por las perspectivas del yo, esta personalidad goza de una apertura ilimitada, más allá de toda naturaleza, cualidad o carácter, que la iguala a la indiferencia excelsa del cielo por encima de nuestras cabezas y nuestros pobres gestos humanos.

La otra cuestión que no puedo desatender se refiere al cielo al que el sabio es comparado. ¿Es una bella imagen para que la mirada se deleite al atardecer o una metáfora sin consecuencias? Ninguna de las dos posibilidades parece pertinente. La hipótesis que yo formulo interpretaría el cielo acorde con la tesis budista, concretamente con la del budismo tibetano, que hace de la conciencia la «vacuidad de un espacio», una «conciencia-espacio». Ella, pura posibilidad de fenómenos y desprovista como tal de toda realidad sustancial o *nouménica*, es además inmutable «puesto que nada hay que cambiar en ella»[24].

Esta conciencia-cielo o espacio-receptáculo parece acercarse bastante a la perfecta indiferencia del sabio chino. Pero si atendemos a lo que se nos dice de él y de su personalidad, el espacio en cuestión debería identificarse con el en sí de la personalidad. Pero al margen de exégesis e interpretaciones, este recorrido por el cielo, sin ninguna referencia a un dios celeste, da mucho que pensar, y en el mejor de los sentidos, a un occidental que quisiera interesarse por él.

[24] Cfr. al respecto el artículo de Stéphane Arquillère, «La réalité de la totalité dans l'idealisme bouddhique», en *Nirvana*, p. 270-283.

9. Gracias a este recorrido por el cielo, recuperamos el justo medio «dentro de la posibilidad igual de los extremos». Ese justo medio que, sin duda alguna, no es asimilable a la buena mediocridad del sentido común, no es tampoco análogo a la «buena medianía» aristotélica. Éste no es el único punto en que la sabiduría china difiere de lo que suele entenderse por «filosofía occidental».

François Jullien ha optado por establecer una ordenada comparación, un poco cargante, todo hay que decirlo, con los principales contenidos doctrinales de esta tradición filosófica: verdad, evidencia, sentido oculto, profundidad, logos, discurso, etc. Siempre que aborda un tema en concreto, está uno seguro *a priori* de que es para valorarlo en comparación con la sabiduría china, de la que no se aparta para nada.

No me atrevo a afirmar que esta postura sea censurable, pero ciertamente no deja de ser una opción como otra cualquiera. Más aún, el lector, cansado de lo que –erróneamente– se presenta como un modelo absoluto, se pregunta si el autor respeta las reglas de juego, quiero decir el principio de indiferencia ante los extremos.

Si existe alguna alternativa, lo otro –en este caso la filosofía occidental– no tiene que ser ni apreciado ni despreciado, ha de tomarse, en cuanto otro, como el extremo que no se puede integrar. Y si no se puede integrar, conviene entonces justificar su diferencia: algo vale en sí misma, al menos como polaridad extrema de la sabiduría china. Y, al darse esa diferencia, la sabiduría china aparece, a su vez, como limitada por su indiferencia.

Para corregir el orgullo del filósofo occidental respecto al pensamiento de Oriente, François Jullien estima necesario humillarlo tachándolo de rígido o inmovilista, y ensalzar, desde el comienzo, al sabio confuciano dotándolo de la cuádruple excelencia. Ahora bien, las cosas no son tan simples como pueden parecer a simple vista. François Jullien, lo veremos más adelante, no es víctima de la «admiración» que rezuma su exposición. Hay que esperar al final de su disertación para comprobar cómo se atenúa el efecto de una aparente apología que, a fin de cuentas, sólo es una forma, drástica a veces en su expresión, de corregir el egocentrismo occidental.

Un resumen ponderado

Los atractivos del lejano Oriente son desiguales en su capacidad seductora. Se podría, al respecto, establecer una jerarquía gradual de fascinación. Esa escala recogería las distintas formas de atención que se presta a lo que nos es más lejano. De ahí mi esfuerzo por «evaluar», en la medida de lo posible, la capacidad de atracción de los temas que hemos abordado, así como los límites de esa fuerza de atracción.

1. No olvidemos que estas incursiones en tierras lejanas de nuestro Occidente cristiano no sólo afectan a la religión, también lo hacen a la filosofía como disciplina configuradora de nuestro estilo de reflexión y, además, de la estructura de una teología deudora de muchos de sus conceptos y principios de explicación.

No es de hoy la necesidad de expatriarse para conocerse uno mejor. La etnología y la antropología estructural han favorecido un conocimiento imparcial de uno mismo. Si, en algunos aspectos, nos han familiarizado con culturas más alejadas de nosotros que las del Extremo Oriente, no por eso la extrañeza por lo oriental ha dejado de ser instructiva respecto al valor y estima de nuestros propios recursos.

En esta vuelta hacia sí, desde un exterior culturalmente complejísimo, la distancia es tanto más valiosa cuanto mayor resulta. Ahora bien, no hay duda de que el sabio confuciano, tal como se nos presenta, ahonda más la divergencia.

2. *El sabio sin ideas.* Esta divergencia de alguna manera puede ser cuantificada con la ayuda de una tabla comparativa que presentara en dos columnas las diferencias respectivas. Del lado occidental: idea, historia, explicación, generalidad, razonamiento, sentido, etc.; y en el otro, los antónimos[25].

Por limitarme a una sola de estas diferencias, cuya importancia no se puede minimizar en atención al hecho cristiano, tomamos de la parte baja de la tabla los siguientes contrarios: «la vía a la verdad» y en sentido único, tal como la concibe Occidente, y la vía del *tao* como «viabilidad», una vía indiferente a todos los posibles[26]. No se puede imaginar un contraste más llamativo.

En este rasgo diferencial, entre otros, que, por otra parte, yo destaco por su valor ilustrativo, se reflejan las «cuatro cosas de las que el maestro está exento»: sin idea, sin necesidad, sin posición definida, sin yo particular. Todas las diferencias de ese cuarteto inicial se avivan. En el fondo, ya se trate de religión o de filosofía, ese cuarteto original marca la distancia de principio entre Oriente y Occidente.

En ese sentido hay que comprender al sabio chino. Persiste la notable divergencia que tanto me impresionó. Con relación a él, budismo e hinduismo parecen estar más cercanos a nosotros. Las preguntas, en consecuencia, que debemos formularnos al respecto son: el prestigio del sabio ¿merece una adhesión sin reticencias? ¿En qué aspectos su ejemplaridad no llega a seducirnos? ¿Qué podríamos conservar de lo mejor y más instructivo de su atracción?

3. A lo largo de la exposición, he tratado de explicitar con toda franqueza los interrogantes que, en mayor o menor grado, suscita la figura del sabio. Pero no hay duda de que el juicio último del filósofo-sinólogo es que el sabio chino, por su competencia, merece atención. Ahora bien, este juicio nos obliga a relacionar al sabio Sócrates con el sabio taoísta. La comparación de ambas sabidurías se establece sin acrimonia, pero en el cotejo se observa una carencia del lado chino.

[25] François Jullien, *op. cit.*, p. 122-123.

[26] *Ibid.*, p. 123 y p. 117-121.

El sabio confuciano rehúsa todo debate porque el único objetivo de toda discusión es convertir a los polemistas en personajes teatrales que tan sólo buscan hacerse valer: aspiran, por medios artificiosos, a una verdad que sólo es un pretexto para una demostración cuyas falsas apariencias rechaza el pensador taoísta. Ahora bien, a juicio de François Jullien, la actitud china de rehusar el debate no está exenta de riesgos. Corre el peligro de abstenerse de toda decisión, al no darle ninguna importancia, y de quedarse en un cómodo conformismo no muy distante de la dejación.

En pocas palabras, «¿es posible pensar *sin* tomar partido?». «Cuestión lacerante» que no puede dejar de plantearse. Pues bien, «al tomar partido –escribe– la filosofía nacida en el foro se hace réplica», mientras que la sabiduría, «como pensamiento de lo natural», «se mantiene profundamente apolítica».

«Ésa es la causa, realmente, del fracaso del pensamiento chino, cuyas consecuencias llegan hasta hoy», escribe François Jullien. La sabiduría china cometió el error de considerar el debate sólo como una cuestión teatral, cuando en realidad es un dinamismo dialéctico en el que el diálogo, en vez de acabar en servidumbre, se hace «dependencia liberadora». «Frente al conformismo chino», toda «filosofía es revolucionaria en su origen por la ruptura que implanta con lo natural». Y añado: ruptura también con la tradición, como se constata igualmente en lo que vino en llamarse «revolución cristiana».

4. *La vía budista*. Cuando se pasa bruscamente del sabio chino al sabio budista, es difícil evitar una fuerte sensación de réplica que relaciona, comparativamente, al segundo con el primero y tácitamente lo juzga. Se experimenta primero el contraste singular que contrapone lo más simple a lo más complicado. ¿No debería el rayo de luz, aquí como en óptica, tomar el camino más corto?

Es fácil replicar que lo más simple no siempre es lo verdadero. Y, por otra parte, cuando se trata del nacimiento de la vida espiritual ¿no debe adaptarse la complejidad de la medicina liberadora a los múltiples ardides del deseo?

Pero, en otro punto, la indiferencia del sabio confuciano tropieza con más razón en una intolerable parcialidad. En efecto, si se recuerda la primera de las «cuatro verdades nobles» del Sermón de Benarés, la acentuación tan insistente en el sufrimiento no es incuestionable. ¿Con qué derecho se puede ver en la vida humana sólo ese lado de las cosas? ¿Y enunciar en una proposición con cuantificador universal que todo en el mundo deriva a lo negativo de la impermanencia, del dolor y la locura de un pretendido en sí? ¿No se da aquí una visión tan unilateral que, mirándola fijamente, resulta insostenible? ¿Acaso el mundo agota sus innumerables diferencias reduciendo cuanto existe al sufrimiento de nuestro pequeño ego?

Si el punto de partida impone realmente esta reclusión en el yo del sufrimiento y sólo hay esto en el universo de las cosas y de los humanos, ¿cómo poder escaparse de él? Y, además, ¿en virtud de qué experiencia se afirma, como orden o conexión determinista de las cosas, la ley de la «producción condicionada» según la cual un mecanismo inquebrantable «vincula indisolublemente el deseo al acto y el acto a los nuevos nacimientos en el universo (sin comienzo ni fin) del *samsara*?»[27].

Lo que se nos comunica como experiencia de despertar del Buda ¿no es sólo el eco de una tradición inmemorial no suficientemente contrastada? ¿Con qué derecho se inserta, en el curso de las cosas, la capacidad desorbitada de un acto que une «la voluntad, el deseo y la sed de afirmarse»[28], cuando ese acto procede de una «individualidad» constituida por los solos elementos del mundo y, por tanto, tan perecedera como ellos?

Estas preguntas que, por ficción, yo atribuyo al pensador taoísta que me las sugiere sin habérmelas confiado, deberían,

[27] D. Gira, *o.c.*, p. 57 s.
[28] *Ibid.*, p. 56.

me parece, ser elaboradas, no por un prurito de refutación –toda refutación, en este dominio de la realidad, sería tan inútil como pretenciosa–, sino únicamente para ver más claro en esto y con vistas a una fraterna colaboración entre todos los miembros del espacio interreligioso.

A decir verdad, existe otra cuestión que emerge de este contexto. Exactamente, ¿cuál es, en un determinado movimiento religioso, el vínculo que se establece, o que él establece, entre las tesis doctrinales y la disciplina de la acción? ¿Se puede prescindir, si es necesario, de las primeras confiriéndoles un estatuto facultativo o habría más bien que afirmar la existencia de una indeclinable conexión entre unas y otra? Más adelante, tendremos ocasión de abordar de nuevo la cuestión.

5. Una última pregunta. A mi juicio, la más importante desde un punto de vista filosófico: ¿cómo es posible entender la posibilidad, simplemente humana, del *nirvana*? Digo con toda intención la posibilidad *simplemente humana* para eliminar, cuando se trata del budismo, todo recurso a una gracia de lo alto.

Por consiguiente, proponemos la hipótesis que, al parecer, representa la postura budista de una absorción plena del ser humano en el devenir cósmico conforme a la ley de la «producción condicionada». ¿Cómo, dentro de esos condicionamientos, puede el ser humano practicar sobre las cosas de su alrededor el distanciamiento de la libertad en un juego de lo más sutil?

La endeble individualidad que sobrevive en sus metamorfosis la define, por así decirlo, el conjunto de elementos cósmicos de los que está formada y que no le dan ninguna probabilidad de emerger. Si esto es así, hay que admitir entonces que el poder que uno se atribuye para superar el destino del *samsara*, aun al término de una larga disciplina, corre peligro de desvanecerse. Cierto, hay que respetar este postulado fundamental de una audacia y de una esperanza que no admite duda. Pero no se ve cómo la libertad final del *nirvana* no resulta comprometida por la ausencia de sus premisas.

Por eso me he permitido expresar las condiciones de una maravillosa empresa mediante una fórmula tomada de un texto budista sacado de su contexto original:

> «Existe un no-nacido, un no-devenido, un no-hecho, un no-compuesto; si no fuera por este no-nacido, no-devenido, no-hecho, no-compuesto, aquí abajo no se verificaría ninguna evasión posible del nacimiento, del devenir, del hacer, de la composición; pero, porque existe ese no-nacido, no-devenido, no-hecho, no compuesto, se verifica la existencia de una evasión del nacimiento, del devenir, del hacer y de la composición».

El *nirvana*, descrito de esta manera, testimonia esa trascendencia sobre el inexorable devenir. Pero, para que el testimonio fuera efectivo y probatorio, sería necesario que interviniera, por encima de la prueba de verdad, un factor que fuera equivalente a la «nada por exceso». Respecto de la Escuela de Kioto, cuyo maestro incuestionable entonces, en 1973, era Nishitani, el *sunyata* me parecía cercano a esa «nada por exceso» sobre la que he reflexionado en otro lugar. Aún me parece el *sunyata* la condición indispensable del *nirvana*[29].

6. Es posible, sin embargo, que la vacuidad no sea simplemente vacuidad de cosas, sino que indique también una forma de *epokhé*. Según el mahyanista Nagarjuna, fundador, en el siglo III de nuestra era, de la escuela llamada «vía del medio», «el hombre que vive en la vacuidad carece de actitud positiva o negativa frente a nada». Es una práctica que, al margen de vanas disputas y de la afirmación y la negación, asegura una

[29] En su sentido primitivo, *sunyata* significa, en relación con la no permanencia, la vacuidad de todo lo que existe, desde luego de los compuestos, pero también de los elementos que lo componen. De ahí que en el *Mahayana* se dé una acentuación del vacío, al ser la causa tan vacía como los efectos. La vacuidad del sí se refleja de esta manera en la del todo cuya esencia es ella. El todo es la vacuidad y la vacuidad es el todo. (Cfr. D. Gira, *o.c.*, p. 176-180). Fuera de toda dualidad, la vacuidad, como realidad legítima del todo, «no puede ser más que idéntica al cuerpo de esencia del Buda», que es inmanente a todo hombre y que permanece más allá de toda representación.

paz duradera[30]. Por este cauce llegaríamos a la indiferencia del sabio chino.

De la misma manera, el *Uno* del neoplatonismo también «se sitúa» más allá o acá de las afirmaciones o negaciones. Pero el *sunyata*, tal como lo he entendido, está aún más decididamente en la parte de acá de los propósitos que se tienen acerca de la realidad. Es la primera energía subyacente en el discurso de la indiferencia. Distancia original o «nada por exceso», esa energía posibilita el pensamiento de un serie de cosas. Expresa la emergencia primera de una instancia ante la inmensidad del *samsara*. Por eso mismo, condiciona la posibilidad del *nirvana*.

Es posible, e incluso probable, que nuestros interrogantes y sugerencias no sean ajenos a los innumerables debates que la riqueza del budismo suscita en las diversas escuelas y en el mundo de los doctores sutiles. Sería un error prescindir de ellos pretextando que la teoría importa poco y que el budismo, sobre todo, es una medicina de salvación, una práctica nueva de liberación.

De esta manera, se desconoce la originalidad de una medicina que no solamente está interesada en el diagnóstico de la enfermedad sino que, al cuestionar la realidad humana y cósmica del *samsara*, pretende también descubrir sus causas. Sería rebajar el poder innovador y disidente del fundador.

Para nosotros, cristianos y occidentales, lo que por encima de todo nos asombra en el budismo es la grandeza de un movimiento que, en la historia humana, tal como la conocemos, fue el primero en tener la inaudita audacia de prescindir de la ayuda y protección de los dioses. Y no en virtud de un ateísmo combativo o de un desafío prometeico, como en Occidente, sino «porque la hipótesis no era necesaria». En el budismo no hay nada que nos recuerde la historia de nuestras luchas por la emancipación. Por

30 Cfr. D. Gira, p. 173-174. Cfr. «Le trilemme de Nagarjua: A, non-A, A et non-A, ni A ni non-A», *Nirvana, p. 113.*

lo demás, el coraje budista nos cuestiona. Conviene medir su impacto en el hecho religioso, tal como es concebido en un contexto monoteísta.

7. El brahmanismo, a su vez, comparte numerosas posiciones con su adversario budista (a veces comparado a la disidencia protestante de la Reforma respecto de la Iglesia católica). La «metempsícosis», por ejemplo –digamos más bien «metansomatosis»–, forma parte de las tradiciones inmemoriales de Oriente. Su influencia se nota en el mismo Platón.

Conviene así mismo añadir, como ha quedado dicho demasiado brevemente, que el lenguaje de la no permanencia, permutado por el de la vacuidad, no es sólo una afirmación teórica desarrollada por algunos pensadores. Expresa una sensibilidad muy compartida, que no encontramos en nuestros países. El caso de Schopenhauer no es suficiente para convencernos de lo contrario. Esa misma sensibilidad se alía con una compasión que, a diferencia de la misericordia judía o cristiana, limitada al género humano, se extiende a todos los elementos del mundo.

Así mismo, la universalidad de los derechos del hombre apenas se impone a estas culturas, que ignoran nuestra jerarquía ontológica, como el privilegio de excepción y excelencia que nosotros le otorgamos al orden del *ánthropos*. El hombre indio está tan radicalmente inserto en el cosmos que comprendemos con dificultad una indiferencia que nos parece escandalosa.

La originalidad del brahmanismo es haber mantenido, al mismo tiempo que la sensibilidad por la impermanencia, el rechazo a la pura vacuidad y, sobre todo, la afirmación de un *en sí* que suple su vacuidad con el apoyo de una fuerza indispensable a la fragilidad del existente. No vuelvo a la diferencia o identidad entre el *en sí* del individuo y el *en sí* universal del *brahmán* sino para subrayar hasta qué punto el problema planteado así es también el de la mística occidental. Un rasgo de similitud que debe señalarse.

8. Para cerrar este balance de lo ya expuesto, vuelvo al tema del cuerpo en Oriente. Sorprende el contraste entre el estado achacoso del cuerpo humano en el devenir cósmico y su importancia práctica en el conjunto de los ejercicios que mediatizan la liberación. La abundancia de las especulaciones indias acerca de los niveles de corporeidad supera en mucho la relativa pobreza de nuestras concepciones occidentales.

En las cartas de San Pablo, podemos advertir una tripartición que subordina, siguiendo un orden jerárquico, el «cuerpo empírico» (o *hylikos*) al «cuerpo psíquico», y éste al «cuerpo espiritual» o «pneumático» de la resurrección[31]. En los textos indios nos encontramos, en este tema, con unas consideraciones muy fluidas –en una abundancia sorprendente– acerca de una escala bien diversificada que va desde el cuerpo empírico al cósmico, y de éste al cuerpo sutil.

Por la concentración corporal en una única postura, el paciente experimenta la conjunción de su columna vertebral con el eje del mundo. Lo empírico del cuerpo individual se encumbra entonces a la amplitud de «cuerpo del mundo», el cual, finalmente, se subordina al «cuerpo vacío» y sutil, indisociable de la «vasta extensión del cielo» y de su indiferencia[32].

Estos someros apuntes ponen de manifiesto la importancia de un diálogo sobre el cuerpo humano desde las respectivas posiciones cristiana e hinduista. La fenomenología del «cuerpo propio» posiblemente ganaría con ello una apertura que no le haría ningún daño.

[31] Cfr. 1 Corintios 15, 39-50.

[32] Cfr. Tara Michael, «La valeur libèratrice de la posture dans le yoga classique», en *Nirvana*, p. 138-157.

7

El cristianismo y las otras religiones en la actualidad

En el espacio interreligioso en el que debe situarse ya el cristianismo, ¿cómo se han de entender las relaciones del cristiano, sabedor de sus recursos y limitaciones, con aquéllos con los que coexiste en múltiple alteridad?

Antes de ofrecer una respuesta, conviene volver a precisar el tipo de unicidad que define al cristianismo; y luego, los distintos círculos de alteridad a los que, por la fuerza de las cosas, está llamado a enfrentarse. Porque sólo podemos esperar un diálogo útil cuando el intercambio se ajusta a principios que determinan sus condiciones. Y quedan por ver los diferentes modos de coexistencia que, en el inter-espacio en que las religiones convergen, facilitan lo mejor posible su plena expansión.

La especificidad cristiana

1. ¿Cómo se puede definir hoy el cristianismo? Nosotros, los cristianos, afectados más o menos por la preocupación individualista de autonomía, asimilamos con bastante facilidad el cristianismo a una especie de menú a la carta en que pueden figurar las más extrañas combinaciones. El principio de contradicción ya no está de moda. De donde a veces surge una teratología de los supuestos componentes que no nos deja de sorprender. Ahora bien, el cristianismo es lo que es. Y como todo lo que existe, depende de un principio de determinación. ¿Cuál es ese principio?

Sin alargarme en un Credo cuyas fórmulas, por lo demás, son a veces difíciles de captar, el principio de determinación, en el caso que nos ocupa, se verifica en dos afirmaciones básicas. La primera reitera el monoteísmo de Israel: un solo Dios en su manifestación trinitaria. Y la segunda se refiere al único mediador, Jesucristo, entre Dios y los hombres. La tarjeta de identidad cristiana, evidentemente, es más compleja. Pero puede reducirse, en el debate interreligioso que nos ocupa, a estos dos enunciados complementarios.

El axioma antiguo de la teología católica «fuera de la Iglesia no hay salvación» no tiene caso en la forma rígida ya conocida. Si la modificamos y afirmamos: «fuera del cristianismo no hay salvación», reduciéndola a las dos afirmaciones anteriores, la fórmula conservaría su primitivo rigor. Las atenuaciones esbozadas recientemente (cfr. p. 135 y ss.) no presuponen ningún cambio sustancial al respecto.

El cristianismo, según toda la fuerza del artículo *el* –en su doble connotación de existencia y unicidad– no existe, ni es comprendido sino gracias a las dos afirmaciones conjuntas que lo definen. Fuera de ellas no hay religión cristiana. La religión representa el rostro duro del cristianismo. En cambio, la fe en la cruz de Cristo, como hemos intentado demostrar (cfr. cap. 1° y p. 63 y ss.), sugiere una superación de la religión y del mismo monoteísmo, cuya crítica iconoclasta mantiene e incluso lleva más allá (Cfr. p. 133). Tomando de nuevo la reflexión sobre lo único y sobre la forma de hablar de él, distingo diversos tipos de unicidad.

2. La unicidad de exclusión es la más radical. Adoptaba antiguamente la forma religiosa y, hoy, modalidades parecidas a ésta. *Lo otro*, como enemigo de generación en generación, pero también como tentación permanente de defección para el pueblo elegido, no podía disfrutar ni de una cualidad positiva que le habría hecho ganar en estima, ni de una indulgente comprensión que habría atemperado la pulsión exterminadora. El infiel de antaño encarna hoy, en algunos casos, la figura satánica del mal radical y sin posible remisión.

La unicidad de integración, tan conocida de la teología católica en otro tiempo, reconoce en lo otro, como religión, valores innegables. Pero esos valores están dispersos y, por eso mismo, debilitados en las múltiples formas religiosas que conocemos. El cristianismo, en su especificidad católica, sería de esta manera el integrador ideal de esas errantes cualidades, a las que él, y sólo él, sería capaz de justificar liberándolas de su parcialidad.

La unicidad de indiferencia mira desde arriba a lo que no es ella, desde la altura de una superioridad común a las dos primeras, pero se guarda tanto de maldecir como de integrar. Lo otro existe. Y hay que dejarlo en su diferencia. Tiene sin duda una razón de ser. Pero esa razón se nos escapa y, de todos modos, nos «obliga a actuar con».

En los tres ejemplos seleccionados, la unicidad se asocia no solamente a la evidencia de una superioridad, sino incluso, con más fuerza, a una conciencia de elección. La religión cristiana, en este particular, recupera la tradición judía y la universaliza. Universalidad cuya primera justificación encuentra en los textos proféticos más satisfactorios a este respecto.

La unicidad específica es una perfecta neutralidad. Dice sencillamente –lo recordábamos al hablar del artículo definido *el*– que la cosa llamada «única» existe y que sólo ella cumple la definición que la da a conocer. En gramática de conjuntos, se hablaría de un *singleton*. Éste sólo comporta un elemento en su relación de pertenencia. El cristianismo realiza estas condiciones.

Pero a diferencia de la religión, que le añade el privilegio de las unicidades por excelencia, la fe en la cruz de Cristo se contenta con la mínima unicidad. Este mínimo es suficiente para asegurar la consistencia y originalidad del cristianismo.

Ahora bien, esta originalidad consistente se define esencialmente por la relación a la cruz de Cristo, tal como la hemos presentado en sí misma y en sus implicaciones. La unicidad específica es, pues, la condición necesaria y suficiente para que sea posible la inserción del cristianismo en un ámbito interreligioso.

Los círculos de la alteridad

Planteo, como postulado, que el cristianismo en su relación con lo otro y los otros traza círculos de alteridad que le son más o menos cercanos.

1. En el seno del «cristianismo», las diferencias a lo largo de la historia se han multiplicado. Podemos lamentar este hecho o, por el contrario, bendecir el beneficio de las rupturas. Cada uno de los diferentes ha podido, así, desarrollar una dimensión del original. En los buenos tiempos del ecumenismo, pensábamos que era provechoso proponer, frente a una simple yuxtaposición, una verdadera unidad en profundidad de las grandes confesiones cristianas. Pero ¿cómo articularla?

Se tenía en la cabeza el modelo neoplatónico de un grupo operativo que define el ser espiritual, primero, por la inmanencia en sí y en el Principio; luego, por la expansión o procesión en el universo de las cosas y de los humanos; y, por último, por el retorno o conversión a la inmanencia inicial. ¿Cuáles podían ser, en nuestro cristianismo fragmentado, los representantes respectivos de las diversas operaciones del grupo referencial?

La ortodoxia, por su teología de la luz que habita en la fe, por su expectativa de la transfiguración y por su invocación al Espíritu Santo, nos parecía el modelo, ideal y joánico, de la operación inmanente como *permanencia* fundamental en el Padre y en el Hijo por y con el Espíritu.

El catolicismo extravertido representaba, con los riesgos de una voluntad de poder, la operación procesional de expansión y, a la vez, organizadora y conquistadora. Y la Reforma, por su insistencia en la vuelta a los orígenes y en la meditación interiorizada de las Escrituras, significaba para todos la necesidad de la acción que nos devuelve al Origen.

La historia ha separado a los que debían ser en la tierra la imagen de la Trinidad según la lógica del cristianismo. Pero lo que sucedió ha conservado la nostalgia de esa uni-trinidad. La razón del ecumenismo no es otra que la lógica de nuestro grupo de operaciones. La realización de la Unidad sería en adelante la tarea común del futuro.

La teoría quizá no sea más que una bonita ilusión. Pero la necesidad cada vez más sentida de entenderse y el temor a los peligros que podrían surgir, tanto dentro como fuera de nuestra cultura, no dejan de atemperar el imperativo de la diferencia en beneficio de la reconciliación. Por último, y es el mal menor, las diferencias, aunque no desaparezcan, cuando se observan desde más lejos, se hacen menos imperativas. Las religiones dividen. Pero la fe que une devuelve su importancia a lo esencial. Parece que ya estamos en una época fuerte de fe desnuda y reencontrada.

2. El primer círculo de auténtica alteridad sería, hoy, el judaísmo. Israel es nuestra cuna y el otro más cercano. Las vicisitudes de la historia y los horrores de un pasado reciente nos impulsan a apreciar mejor la dimensión de una deuda y el deber de una activa reminiscencia. El «acuérdate, cristiano», esencial a nuestra fe y a nuestra religión, nos prescribe una renovada atención a un texto que fue, si no olvidado, sí, al menos, muchas veces mal comprendido.

Después de un tiempo semiconfuso, la innovación cristiana se ha transformado en distancia cada vez más acentuada. Una vez realizada, la diferencia se ha extremado como ruptura. Para nada vale negar su irreversibilidad. Así y todo, la unión en la diferencia sigue siendo tanto más urgente cuanto la presencia de Oriente en nuestros países representa un rechazo radical del monoteísmo occidental. Se trata, por tanto, de reflexionar juntos sobre el sentido de la unicidad divina y el alcance real de una elección que plantea problemas. Ésta me parece, para un ecumenismo del segundo grado, la tarea común del futuro.

2. El Islam, en nosotros y en el mundo entero, provoca una inquietud avalada desgraciadamente por delitos de sangre que despiertan, casi a diario, una unánime reprobación. No se trata, pues, de negar un glorioso pasado cultural, ni de olvidar los textos de una mística que seduce a los hombres espirituales de cualquier confesión, sino de ponderar en justa medida la importancia de una religión en el futuro de la humanidad.

Su rápida propagación, lo mismo que la intransigencia islámica de algunos gobiernos, provoca en numerosos cristianos una sensación de asombro frente a su impávida solidez en este preciso momento en que el cristianismo sufre la más dura prueba de envejecimiento y la deserción de sus fieles. Por el contrario, los hechos se suceden como si el Profeta, como fundador y caudillo militar, recuperara el dinamismo juvenil de sus primeras conquistas.

Este ímpetu que, al parecer, nada puede detener se nutre de buenas intenciones: propagar el conocimiento del Dios verdadero en contra de la idolatría de los infieles. Por una extraña connivencia de lo temporal y lo espiritual, el brazo secular vuelve a ser el poder misionero de la verdad. Contamos con muchos ejemplos de esto en la Biblia y en las cruzadas de la cristiandad.

El Dios del monoteísmo, a ratos y no pocos, adopta la figura de guerrero exterminador. De esta manera se establece entre el absoluto divino y la fuerza destructora una especie de pacto, como si «la plenitud de las perfecciones divinas» exigiera para su gloria el aniquilamiento de buena parte de sus criaturas. El Islam actual no es, pues, una excepción. Afianza el olvido de la otra vertiente del monoteísmo, la iconoclasta, para realzar en el Único o «el Solo» una voluntad de poder que no tiene que contar con posibles límites.

Dios mediante, el diálogo del cristianismo con el Islam puede establecerse sobre otras bases. A quienes temen su poderío, yo les diría gustosamente: hombres de poca fe, deberíais saber que el poder, cualquiera que sea, nunca tiene la última palabra. El poder actual del Islam que, en nuestros días, impone lo más aparente de su existencia, no define su esencia oculta.

A los cristianos les corresponde intentar ayudar a sus hermanos del segundo círculo de alteridad a descubrir esa esencia oculta, pero con la humildad del pobre que, sabedor de sus debilidades, rechaza la triste valentía de arrojar a su cercano la piedra que le hiera.

4. El tercer círculo de alteridad que me interpela no es un ámbito que haya seleccionado para consolarme de los hasta ahora visitados. Simplemente, existe y dice cosas. Más que en ningún otro tiempo, es bueno tener en cuenta esta existencia y esta palabra.

¿Acaso el Oriente, cuya fascinación sobre nuestros contemporáneos he reconocido, es más pacífico que el Occidente? Sé muy poco de su historia para sentirme seguro de una respuesta. A lo sumo, se podría decir que, si las religiones de tierras lejanas han sido menos guerreras, tal vez se debiera a que no han conocido la fiebre blanca y religiosa tan difícil de separar del fervor monoteísta. Ciertamente, conviene subrayar el ardor misionero del budismo que comparte con el cristianismo, en particular, un mismo interés por lo universal. Pero es posible que el universalismo oriental, para afianzarse, no haya necesitado del recurso frecuente al brazo secular.

Dentro de este círculo, el más amplio de todos, no tengo que preguntarme si se respira en él mejor que en los demás, como si el clima de mayor amplitud en Oriente fuera más perceptible que en otros lugares. Recordando la parábola del buen Samaritano, la primera cuestión a proponer ya no es *quién es mi prójimo* sino esta otra, hoy, más urgente: *de quién soy el prójimo* (cfr. Lucas 10, 36).

Entre los diferentes representantes del grupo oriental, no establezco una jerarquía en relación con su «fuerza de repercusión» o su lejanía de nosotros. La sabiduría china a veces me parece más radical que las otras dos. El budismo, a su vez, es más radical –creo– en su crítica que el brahmanismo y, por eso, más cercano a un interés filosófico. Pero, tratándose de determinar las posibles relaciones entre cristianismo y «sus más lejanos», yo no tendría en cuenta ni una discutible preferencia, ni eventuales grados de radicalidad.

De cada uno de ellos he dado a conocer mis reservas, mis interrogantes y mis incertidumbres. No voy a repetir lo ya dicho. De lo único que quiero dejar constancia y disculparme es de las posibles irritaciones o incomprensiones de las que pueda ser acusado. Como cristiano, pido perdón por mis ofensas cuando han sido inferidas por una pretensión exagerada. De ordinario, cuando se trata del más lejano, el «no juzguéis» evangélico debe ser el gesto de bienvenida. Pero no siempre es posible ponerlo en práctica, al menos, cuando se trata de rendir homenaje a lo que deja ver «lo desconocido». El homenaje no exige, so capa de respeto, encubrirlo en una nube de desconocimiento.

Por consiguiente, las reflexiones que siguen van dirigidas a este último círculo de alteridad. No me olvido del más cercano. Ninguna ventaja obtengo sacrificándolo al más lejano. Pero, ya que el más cercano está formado por el conjunto de las religiones monoteístas, y el monoteísmo está cuestionado por nuestro más lejano, voy a tratar aquí sólo de las relaciones posibles entre cristianismo y corrientes religiosas o espirituales de Oriente.

Principios de una coexistencia activa

¿En qué condiciones puede darse una apertura fructuosa que no quede limitada a simples muestras de educación o tolerancia? Los pocos principios que vamos a proponer valen, en general, para cualquier relación con el prójimo. *A fortiori* se imponen en toda voluntad ecuménica de contacto, primero, entre los más cercanos y, por encima de todo, entre el cristiano y su otro más lejano.

1. *El principio de caridad.* La expresión que provoca de entrada una reacción de rechazo por aquello de *una caridad de pura beneficencia*, la encontramos con todas sus letras en la obra de un lógico que no se muestra reticente respecto a un lenguaje tan comprometido. En virtud de este *principio de caridad*, «hemos de interpretar las creencias de los individuos, que suponemos racionales, de forma que fomentemos lo más posible la concordancia con las nuestras. Hemos de presuponer que esas creencias son coherentes o no contradictorias. Una interpretación correcta debe respetar las leyes lógicas que aceptamos»[1].

Las normas que se derivan de dicho principio están especialmente recomendadas cuando el contacto deseado atañe a quienes, para nosotros, son «de otro mundo» y cuando se trata no tanto de buscar una relación de cercanía cuanto de prescindir de nuestra opinión para «acercarnos al otro» y ponernos a escucharlo.

Los orientales, en alguna foto occidental, aparecen como soñadores incorregibles, más adictos a los comentarios de tradiciones míticas que al rigor de una lógica avalada por la ciencia y la filosofía. Hemos de acabar con estos prejuicios. Los pensadores del brahmanismo y los lógicos del budismo no desconocen nuestros principios de Lógica. Sería ridículo creer que están fuera de la coherencia. Desde este punto de vista, son muy parecidos a nosotros, al menos cuando nos mostramos muy poco razonables.

2. *Principio de intencionalidad.* Si mantengo alguna *reserva con respecto a*, es por miedo a una «concordancia» superficial. Complementario y correctivo del principio de caridad en su primera formulación, el principio de intencionalidad, que fue el gran descubrimiento de la primera fenomenología, puede aplicarse sin artificio al intercambio entre religiones.

En vez de potenciar al máximo el acuerdo, invita a no minimizar la distancia que aleja. Su enunciado es muy trivial: «toda

1 Pascal Engel, *La Norme du Vrai*, París, Gallimard, 1969, p. 394.

conciencia es conciencia de algo que no es ella» y que, de alguna manera, contiene esa conciencia. En el otro, que es considerado por su dinamismo, subraya «al otro como otro», es decir, su ser irreductible al mío. No indica sólo una distancia por superar sino la exigencia de una ascesis: ascesis de un olvido de sí, reconocida hace tiempo, como «*kénosis*» o «vacuidad», según ciertas tradiciones.

Es posible que el distanciamiento que se sienta sea cada vez más real, sobre todo cuando se trata de pasar de una lengua a otra. La versión del traductor tendría que obrar el milagro de una «transubstanciación». En un primer momento, el deseo de entender despierta un gran amor y la maravillosa expectación de un sol naciente. Pero es posible que el distanciamiento agrave la dificultad del paso.

El saludable descorazonamiento al que nos lleva permite entender mejor la relatividad de nuestras posibilidades y de nuestro yo personal y colectivo. Pero corre peligro, cuando se acentúa, de convertir toda traducción en una hipótesis inverificable que el escepticismo de algunos se complace en subrayar. En vez de fomentar la apertura al otro, el límite nos devuelve a la naturaleza maldita de lo único y de su soledad. Ahora bien, un límite no justifica la desesperanza. En el fondo, el problema de la traducción es sólo una variante en el problema del acceso al otro.

El solipsismo, siendo impracticable, no deja de ser por eso «un concepto límite» que no tenemos derecho a excluir de la reflexión. Porque esa «impracticabilidad» es el homenaje tácito al otro como otro en su más radical alteridad. Yo, efectivamente, no puedo pensarme «solo» sin referirme al otro, que no soy y sin esperanza de serlo. De manera que lo imposible viene a ser correlativo de su contrario: el otro como necesario.

Por este camino austero, el principio de intencionalidad me informa, en el espacio interreligioso donde me encuentro, de un límite irreductible cuya mordedura me devuelve a la importante comprensión que me aporta al distanciarme. El otro se convierte para mi propia vida en indispensable.

3. *Distancia y gozo.* El principio de intencionalidad en el ámbito interreligioso pone realmente de manifiesto una forma de coexistencia. Pero, a su vez, necesita un correctivo. Éste no es, como tenderíamos a pensar, la síntesis inevitable y artificial de dos principios: el primero, en virtud de la concordancia en un común denominador, me devuelve a lo que soy y pienso; y el segundo me aleja de mí y me hace sentir el vigor de la resistencia a una alteridad. A ambos principios les falta un rasgo esencial sin el cual, confesémoslo, la coexistencia pacífica carecería de calor y dinamismo.

El absoluto religioso, es verdad, segrega un cierto fervor, pero la mayoría de las veces degenera en un entusiasmo maligno y combativo. Para lograr la buena temperatura de un clima verdadero, hay que añadir, tanto en el acuerdo como en el desacuerdo, ese gozo tan poco corriente que consiste en felicitarse uno por lo que el otro es. Precisemos.

Esa alegría tan constructiva no queda cumplida ni con el respeto que es simple justicia con el otro, ni con el rechazo de toda forma de hostilidad. Comporta algo más que un reconocimiento de lo que existe y su especificidad. Y se distingue por dos rasgos: el engrandecimiento que nos hace vivir en el otro y por el otro; y, además y principalmente, la exultante gratitud que se complace en el ser del prójimo porque merece existir. Esta satisfacción que condiciona la distancia, pero que no explica, genera entre las religiones una fuerza de mutua atracción que facilita el trabajo en común para el mayor bien de todas ellas.

4. *Gozo y sinergia.* ¿Cómo se puede expresar en un trabajo común el gozo de lo que es el otro y la atención a lo que él es, dice y hace? Podemos responder de forma clara. De cada uno de sus lejanos, se selecciona aquello que hace referencia al interés de los comportamientos y se deja a un lado, en el sector de lo superfluo, los elementos doctrinales. Porque la doctrina depende de una especulación que, aunque sea interesante, en nada afecta a lo esencial.

Esta concepción pragmática tiene el peligro de debilitar indebidamente la consistencia de una religión o de una corriente espiritual reduciéndola a aquello para lo que sirve: a una actividad compartida en el mundo que nos rodea o a una tarea de formación personal.

No es verdad que el budismo, por no dar más que este ejemplo, quede reducido al óctuple camino «por muy noble verdad» que sea. Esta ascesis en manera alguna podría entenderse sin los considerandos relativos a la estructura del universo y a la percepción que el mismo Buda ofrece de él. Y es lo que les sucede también al cristianismo y a las demás religiones. Digámoslo directamente: la selección propuesta se asemeja a una falta de respeto que impide todo intercambio serio.

Por tanto, el trabajo en común no tiene por qué ahorrarse la paciencia del concepto si le es necesaria. Y si la refutación autoritaria de los antiguos apologetas ya no responde a la situación presente, no por eso deben omitirse las cuestiones relativas a las posturas doctrinales por el simple hecho de ocasionar choques.

Es bueno el reconocerles a todos los interlocutores el derecho a preguntar que, para mayor bien de cada uno y en un mismo clima de amistad, les permite informarse del estado de las cosas y también les concede, en la medida de lo posible, un margen para elegir en su reflexión. Y esto sin ninguna trastienda de posible conversión, sólo por la sola satisfacción, también aquí, de rendir homenaje a la «gracia» específica del prójimo.

Este interés por el ser mismo de lo que se nos acerca en un espacio interreligioso no impide el plantear otro problema. ¿Cómo pueden las religiones o «espiritualidades» proponer en concreto el mensaje común que una humanidad desamparada e insatisfecha debería oír en un mundo donde sólo cuentan las técnicas productivas, la economía globalizada, la explotación y el abandono de incontables marginados?

Este lacerante problema es familiar a nuestros ambientes cristianos. ¿Cómo no desear que se integre en los intereses de los no cristianos? Pero la inquietud por algo urgente a escala mundial no exige el diluir las diferencias en una abstracción genérica que equivale, para cada uno de los diferentes, a una negación existencial.

Cristianismo y budismo

Dentro del espíritu de los principios propuestos como preámbulos indispensables, se puede abordar la puesta en práctica de las relaciones que el cristianismo puede y debe establecer con cada uno de sus otros del lejano Oriente. El colocar en primera línea al budismo no significa superioridad respecto del brahmanismo o la sabiduría china. Es un hecho constatable que el budismo se impone en nuestros países tanto en número de fieles como en poder de atracción. Y, además, comparte con el cristianismo la misma pretensión universalista.

Este elemento común también puede ser considerado elemento conflictivo. ¿Pueden dos universalismos ocupar el mismo ámbito, dicho de otra manera, el mundo que conocemos, dado que la humanidad a la que se dirigen es la misma para ambos? No excluyo que surja una pugna por el reconocimiento en la que ambos interesados recurran a los medios actuales disponibles para una propaganda eficaz.

No olvidemos que el budismo es múltiple. El engorro de la elección nos deja perplejos. Y lo mismo podría decirse del cristianismo, cuya esencia no es fácil determinar. En este delicado punto, me atengo a los elementos informativos de los que he podido disponer (cfr. *supra*, cap. 6°) y a los interesantes contactos con la Escuela de Kioto. No se puede dialogar en la vaguedad. El principio de determinación obliga a todos. En el supuesto de que se haya elegido, no se obvia la otra cuestión. ¿Cuáles son los elementos fundamentales y universales de una determinada corriente religiosa? Se repite la elección y es de esperar que se justifique. Y eso mismo le sucede al cristianismo.

La confrontación que sigue a esto pone de manifiesto las convergencias y divergencias. Me gustaría más bien llamarlas puntos de disonancia y resonancia. Tanto unos como otros ya se han indicado en las reflexiones anteriores. Ahora retorno a los puntos que han resultado más decisivos.

1. *Un problema de sensibilidad.* Cristianismo y budismo se mueven en universos muy diferentes. No traslucen la misma sensibilidad profunda respecto del mundo. El cristiano, sin duda alguna, está educado en un realismo occidental de sólido sentido común; y, por encima de todo, en una teología de la Creación, es decir, en una teología de la entrega, y de una entrega que implica por el lado de las cosas lo serio de una estabilidad. Por eso, en buena lógica, sólo debería conocer, como principal dinamismo, una tendencia a la acción de gracias. La mirada de Dios al mundo el sexto día de la creación: «y vio que todo lo que había hecho era muy bueno», es también por derecho la primordial mirada humana.

Una actitud como ésta origina ulteriormente –se trate de simple percepción o de arte, ciencia o filosofía– una atención a lo que existe, a la entidad de lo que existe y –añado– a la novedad de lo que existe. En la mirada que Cristo dirige a los lirios del campo y, junto a ellos, al niño que se le acerca como una gracia (inesperada, por definición), se percibe un júbilo, una exultación y exaltación del ser que inspira la exclamación: «Y Salomón en medio de toda su gloria no se vistió como uno de ellos». En el origen de la ontología y de una primacía del ser como «concepto» o «intuición fundamental» (yo no me decido), al parecer, hay algo que se asemeja a ese júbilo espontáneo ante la gracia de un niño.

2. Nada de esto se da en el budismo, al menos, tal como aparece en la casi-biografía del Buda. Una sensibilidad reprimida que sufre y «saborea» el mundo en su no permanencia y en su infinita calidad de sufrible determina una serie de implicaciones cuya lógica es irrefutable. Partiendo de ahí, como de la evidencia primordial, las consecuencias no sorprenden: maldición del deseo, que, en compañía de la ignorancia, está al principio del mundo, tal como es vivenciado.

¿Debe el cristiano, alertado por una discrepancia tan evidente, denunciar enseguida en el budismo una especie de *resentimiento* para con el ser de las cosas que deriva, como sería mi propia tendencia, en un retraimiento al dolor, retraimiento que unido a la conexión determinista del cosmos haría imposible toda esperanza para salir de él?

Una discrepancia tan notable tiene peligro, por contraste, de convertirse en un sentimiento de superioridad por el lado cristiano: «Nosotros no somos personas resentidas». Así se olvidaría hasta qué punto la sensibilidad, estimada innata o función del ambiente social, puede determinar una conducta profundamente. Cierto, se podría añadir, la India que conoció el Buda era mucho menos floreciente que la actual. ¿Pero es que entonces se puede explicar todo por la miseria ambiental? ¿Acaso la situación económica del pueblo en Occidente inducía generalmente al optimismo? ¿Es plausible la diferencia de una y otra parte respecto a las posibilidades de vida?

Planteo cuestiones que invitan, cuando se trata del budismo, a no jugar demasiado con nuestras explicaciones occidentales. Y, además, lo que cuenta, en definitiva, es lo que hace uno desde sus puntos de partida y, en el caso presente, desde una sensibilidad estimada fundamental. Lo que el Buda hizo es sorprendente. Porque partiendo de ello ideó una solución que lleva a la libertad humana –tan dueña del deseo como del universo– a la cima de su capacidad.

3. *El problema de Dios*. Otro punto de discrepancia es la actitud del Buda no sólo respecto de la religión sino de Dios y de toda concepción de Dios. El cristiano que en su espíritu vive la actitud de Jesús y la de los profetas de Israel respecto de la religión de los sacrificios no se extraña de encontrar el equivalente en otro contexto. Pero dejaría en este punto una comparación que, para numerosos occidentales, habla innegablemente a favor del budismo.

El principio de economía ejerce siempre su seducción. Pero ¿es seguro que ha de ser de rigor la simplicidad en la explicación? Y, en primer lugar, ¿de qué Dios se trata? El ateísmo budista, al parecer, no obedece a una crítica parecida a la conocida en Occidente. En él se puede observar una reserva, una abstención, más que un rechazo. Es un poner entre paréntesis más que una refutación del teísmo o una exaltación de la libertad.

Esta abstención no por eso es menos escandalosa para el cristiano por ventajosa que sea, en contrapartida, para el occidental que opta por el budismo. ¿Es posible prescindir de Dios en una auténtica vida espiritual? ¿Puede el ser humano ensimismarse? Por no estar las fuerzas del hombre a la altura de su nivel de ser y aspiración es por lo que, según el cristianismo, la gracia divina de un salvador se anticipa para equipararlo a su propia grandeza.

La superación que preconiza el budismo resulta de sola la fuerza humana. No culmina en la visión beatífica de una esencia inaccesible, sino en la «nada» del *nirvana*. En su acepción más estricta, traducida con resonancia occidental, la expresión denota la extinción del mundo del *samsara* y, por eso mismo, la suprema liberación. Esta extinción del mundo y del deseo que sostiene su fascinación coincide con el último esfuerzo de una ascesis que, concluida su obra, desaparece sin más con ellos.

Un cándido que contara sólo con su buen sentido se preguntaría si un suicidio no podría alcanzar el mismo efecto con menos gastos y en un santiamén. La concepción budista de la reencarnación, tan distinta de nuestra imagen común y científica del mundo, no podría tolerar una solución tan simple. ¿La asunción del modelo occidental del cosmos cambiaría una postura a nuestro parecer tan extraña? No lo sé. En cualquier hipótesis, siempre es verdad que el seguidor de Buda se salva sólo por sus propias fuerzas con la ayuda conjunta de su maestro y su comunidad.

En una perspectiva como ésta, ¿se afirma la salvación en la suprema satisfacción de un triunfo pagado a un alto precio? Nada hay de eso. Esta supuesta satisfacción, según nuestras referencias cristianas o filosóficas, sería también el triunfo del deseo. Pero el *nirvana* extingue el deseo con la misma firmeza con que extingue el mundo. La divergencia no puede ser más patente.

4. *La kénosis de la Cruz y la vacuidad del «sunyata».* Como lo anuncia o hace sospechar la conjunción entre los dos enunciados, parece que, a la busca de ese espacio de cercanía, nos encontramos muy próximos a un punto común de resonancia. La Cruz, signo y principio de contradicción, evoca dos cosas: la superación de las imágenes y los conceptos en un más allá del ser, y el vaciamiento perfecto de Cristo al servicio de todos. Por tanto, hay que asociar al signo de la Cruz las dimensiones que la fe rememora: la ascesis de un pensamiento y la de una práctica.

El *sunyata*[2], como se me dio a conocer, comporta las mismas dimensiones. Quizá se objete que el servicio incondicional a todos es más típico de Cristo y del cristiano que del Buda y de sus seguidores. Es cierto que en el *hymanaya*[3], al menos al principio, el interés de la liberación individual parece restringir la acción del Buda al círculo de un monasterio. El *mahayana*, por el contrario, recalca el deseo del Buda de ponerse al servicio de todos. Además, la compasión budista hacia todos los seres no depende necesariamente de la sola afectividad. Toma el matiz de un servicio activo para con los pobres y enfermos en el «budismo de la fe»[4].

[2] El *sunyata* tal como me lo dio a comprender el maestro Nishitani, de la escuela de Kioto, no era tanto una ausencia de ser –la nada, en el sentido banal– cuanto una actitud que se podría expresar por el vacío de la distancia que uno toma respecto de todo lo que le solicita. La nada en cuestión –o «nada por exceso»– es el vacío de esta distancia.

[3] El *hymanaya* y el *mahayana* representan dos formas opuestas en la interpretación del budismo. La primera es partidaria de una exégesis que reduce a Buda a una simple vía de acción; en el segundo, Buda adopta a veces la consistencia de un ser excepcional, de condición casi divina.

[4] Cfr. sobre este punto D. Gira, *o.c.*, p. 176-180.

Los contrastes no deben multiplicarse sin necesidad. Pero las diferencias persisten y no puede ser de otra manera. Buda no fue crucificado. No es necesario recordar que estamos ante dos historias distintas y que esa diferencia comporta consecuencias que se traducen en disparidades doctrinales.

5. La cuestión que planteo ahora ya la indiqué antes (cfr. p. 184): ¿cómo es posible la liberación si estamos atados de pies y manos al inexorable *samsara*? El budismo, salvo error de mi parte y al menos en los textos que yo he manejado, no aclara este punto. Lo entiendo. La preocupación ética presupone como evidente lo que puede enunciarse en estos términos: si debo liberarme, es que puedo conseguirlo. El cómo de la explicación no tiene por qué tener un matiz religioso o arreligioso. La realidad del movimiento se demuestra andando.

Quizá me equivoque al disminuir la importancia de la vacuidad en el budismo. Ahora bien, la vacuidad no es puro vacío de ser que nosotros expresamos en la categoría «nulo» o sencillamente con el cero, o también con las expresiones «la nada pura y simple», «la nada total». Existe otra nada que es algo más que una pura ausencia o ninguna cosa: se trata de una «nada por exceso»[5] como energía de una distancia por tomar. El *sunyata*, igualmente, debe ser comprendido como una energía de distanciamiento. Así es, al menos, como yo interpreté, no sin riesgo, algunas palabras del maestro Nishitani.

La posibilidad de superar el *samsara* y, en consecuencia, la posibilidad incluso del *nirvana* estarían, por tanto, aseguradas por el *sunyata*. Pero esta instancia de distanciamiento no se confunde ni con el querer indisociable del deseo, ni con un *ego* cuya existencia no admite el budismo. Sea lo que fuere, lo esencial es que se mantenga, dentro de la misma trayectoria de una ascesis de liberación, el poder de una distancia activa; y que ese

5 Para una explicación más amplia de esta «nada por exceso», cfr. nuestra obra *La Pensée du Rien*, p. 61-67; 83-90.

poder se haga una misma cosa con el «individuo», del que, por otra parte, se sabe que pervive de alguna manera en la sucesión de sus metamorfosis.

Pese a todo, resaltan las diferencias cuando las relacionamos con una mentalidad cristiana u occidental. Pero, bien pensado, entre el poder de distanciamiento que asociamos a la cruz y el que representa el *sunyata*, la relación no es de pura equivocidad. Es posible ver aquí una analogía o similitud de relaciones «dentro de la mayor disimilitud», en una parte y otra, de los contenidos doctrinales y de la praxis.

Esta similitud de relaciones –ejerciendo la cruz, con respecto al religioso cristiano, la misma crítica y distanciamiento que en el budismo la *sunyata*– debería fijarse en el curso de intercambios entre las competencias respectivas. Hay que esperar que este rasgo de cercanía –de los más innegables– entre la teología de la cruz y el *sunyata* budista ocupe cada vez más el centro de atención.

Hoy, en nuestras facultades se habla mucho de una «teología de las religiones». La información histórica que difunden es, sin duda alguna, un preámbulo que no podemos ignorar. Pero me gustaría que, por parte de los teólogos, no fuera una coartada para abortar las verdaderas cuestiones, las que, en profundidad, requieren mayor valentía, especulativa y existencial, por ambas partes.

El brahmanismo

1. El otro mundo que nos hace señas desde la ribera del Ganges no es menos apasionante por lo que nos dice o puede decirnos. En ambos casos, nos sorprende una atención tan exclusiva a la evanescencia de las cosas. La India ha meditado mucho más que nosotros sobre el fenómeno del ensueño, que invariablemente contrapone a nuestra creencia ontológica e ingenua en la solidez de una supuesta realidad.

Tal vez encontraríamos en Bergson, en las primeras páginas de *Matière et Mémoire*[6], algunos elementos de reflexión que nos pudieran introducir en esta irritante insistencia. Por una ficción que nosotros nos permitimos, damos por supuesto «que no conocemos nada de las teorías de la materia y del espíritu, nada acerca de la realidad o la idealidad del mundo externo. Heme aquí, entonces, en presencia de imágenes, en el sentido más impreciso en que puede tomarse esta palabra, imágenes captadas cuando abro mis sentidos, y no captadas cuando los cierro».

Unas imágenes de las que diríamos que son intermediarias entre la falta de ilación de lo más descabellado de nuestras fantasías y la firmeza o solidez que atribuimos a las cosas, según la más estricta acepción de la palabra. El pensamiento indio rechaza esto, pero tampoco capta una diferencia clara entre el sueño y lo que ponemos bajo el nombre de *real*.

A diferencia del budismo, que deja las cosas en su no permanencia, los pensadores de los *Upanishads*, particularmente Sankara, se preguntan sobre el grado de ser que conviene dar a esas «imágenes» que sostienen la conciencia-espacio. Pero ¿cuál es el grado de realidad que se le puede reconocer a la misma conciencia?

Aquí interviene, al menos, tácitamente, salvo en los términos de Spinoza, el axioma según el cual «todas las cosas son, o bien en sí, o bien en un ser que es en sí». Pero, para esos intrépidos, no es posible que haya muchos «seres que sean en sí» y por sí. El en sí de Brahma, como la sustancia en Spinoza, sólo puede ser único. En estas circunstancias, ¿cómo concebir el en sí o el *atmán* que se le otorga generalmente al ser humano?

Ésta fue la cuestión indefinidamente agitada en las especulaciones de los *Upanishads*. Parece que el en sí mismo atribuido al hombre tiene una situación muy problemática. En su relación a Brahma, no puede ser sino en él y por él. Pero, si esto es así, ¿cómo decirle *en sí mismo* según la energía semántica de la palabra «sus-

6 *Matière et Mémoire*, París, PUF, 54ª ed., p. 1-17.

tancia», que sería en nuestro lenguaje su equivalente? De hecho y de derecho, sólo podría ser un modo, un aspecto de Brahma.

Pero ¿cómo se diferencia el modo de un simple «accidente», según la nomenclatura aristotélica? Si se le niega una consistencia, incompatible con su condición «de ser en el otro», sólo hay dos formas de interpretar la expresión «el *atmán* humano» o reducirla a una forma de hablar para amparar la originalidad de nuestra especie cuando se la compara con la situación del animal, o –y es la que sostiene el brahmanismo– pensar una fusión o semifusión con el *atmán* de Brahma.

2. No creemos que estas dificultades que hacen planear en la mente de nuestros teólogos el espectro del panteísmo sean propiamente indias o brahmánicas. Dificultades análogas acechan a toda teología que tiene que defender a la vez la absoluta independencia del Dios monoteísta y la autonomía ontológica de la criatura, puesto que la relación de la criatura con el Creador sólo puede expresarse con la terminología del ser-en o del ser-por. Sólo Dios es por sí y en sí. Incluso la doctrina trinitaria no cambia nada con esta situación de hecho. Por eso, nosotros nos enfrentamos a las mismas cuestiones y a las mismas aporías.

Se impone así el acercamiento de los dos tipos de mística, el occidental y el oriental; no solamente porque los lenguajes llegan a ser eco sin la necesidad de un artificio de unión, sino porque desde una y otra orilla manifiestan, tanto desde un punto de vista especulativo como desde la espiritualidad, el objetivo común que los une: el Absoluto.

La sabiduría del Oriente más antiguo

1. Impresionados por el conjunto textual que se nos presenta (cfr. *supra*, p. 171), podríamos creer que esta antigua sabiduría descalifica no solamente toda tentativa filosófica, sino todo movimiento espiritual o religioso que, por definición, no puede equipararse a su radicalidad. A decir verdad, un poco de reflexión habría podido demostrar que la sabiduría en cuestión no solamente no tiene, como tal, nada que decir al respecto, sino que se la descalifica adjudicándole, aunque fuese fingidamente, un juicio sobre lo que le es indiferente y se le hace abandonar el lugar «celeste» de su serenidad por un descenso degradante.

Pero ¿qué hay de las críticas que se le han hecho? ¿Basta recordar, por ejemplo, que el sabio en China ha reforzado con mucha frecuencia la autoridad de los maestros por una falta de decisión que ha fomentado posiblemente una pereza incontrolada? La comparación es de doble alcance según se trate de la filosofía o del cristianismo.

La comparación con el filósofo, verdadero revolucionario en la ciudad de la que forma parte y a la que intenta transformar como ciudadano comprometido[7], es ciertamente estimulante. Pero en la última pregunta que pone fin a la obra –¿la filosofía puede convertirse «en un problema para la sabiduría»?– se puede aventurar una primera respuesta y añadir otra pregunta.

Para que la filosofía se convierta en problema para la sabiduría, es necesario que ésta se convierta a la filosofía. Pero ella, por sí misma, no presenta ninguna superficie de contacto que haga posible tal conversión. Antes bien, convendría plantear otra pregunta: ¿cómo podría la sabiduría, cuyo elogio se ha hecho, llegar a ser hoy un problema para la filosofía?

En efecto, si la sabiduría no tiene rigurosamente relación con la filosofía, ésta con relación a aquélla se encuentra muy lejos de una indiferencia, más exactamente con relación a ciertas formas de sabiduría. El interés se ha reflejado de dos maneras: derivando hacia una espiritualidad de la «vida virtuosa», de lo que el neoplatonismo sería un modelo; o identificando la sabiduría con el conocimiento de las «causas supremas».

[7] François Jullien, *o.c.*, p. 224-225.

Advertidos por estos precedentes históricos, algunos podrían preguntarse: ¿por qué y en virtud de qué decisión hay que restringir la sabiduría a su modalidad «confuciana» o china? ¿No es multiforme, como el mismo ser en contexto aristotélico y medieval? ¿No es ella, como sabiduría, justamente una inteligencia esclarecida y gustosa del ser en cuanto ser?

2. Para no sobrecargar la problemática, y ateniéndonos estrictamente a la sabiduría china como tal, planteamos la siguiente pregunta: ¿qué le tendría que decir la sabiduría a la filosofía, dirigiéndose a ella, que no le fuera absolutamente ajeno?

La cuestión más digna de atención que le planteara a la filosofía sería ésta: ¿qué se puede pensar de esa suprema indiferencia, de esa serenidad que se cree celeste, por encima del bien y del mal, de lo oportuno y de lo inoportuno, en una palabra, de toda determinación y decisión? Ésta también sería la cuestión de la antigua sabiduría que me gustaría a mí retener en el contexto de un espacio interreligioso donde hoy se sitúa el cristianismo.

La indiferencia-indeterminación que se presenta no se confunde con la indeterminación pasiva de la antigua materia, platónica o aristotélica, llamada *khora* o *hyle*. Ésta, en efecto, es carencia de toda determinación; se define por un *etcétera* de negaciones: ni esto ni aquello, etc.

Los antiguos, es cierto, relacionaron la materia, definida así en oblicuo, con la situación del alma intelectiva que tampoco comporta naturaleza en el sentido estricto de una definición. Ahora bien, no es posible atenerse a una apertura ilimitada que espere todo pasivamente de fuera. Es imposible concebir un alma que carezca hasta ese punto de inspiración o animación. La indiferencia confuciana, por tanto, no se puede confundir con la inercia.

Si la filosofía tiene derecho a insistir en la obligación que le incumbe al sabio de tomar una decisión autónoma, la sabiduría, en reciprocidad, debería notificarle al filósofo la obligación suplementaria que tiene de no quedar prisionero de sus decisiones.

En efecto, la indiferencia sapiencial no se identifica con una clásica libertad de indiferencia entre dos posibilidades que se suponen igualmente solicitantes. Denuncia la estrechez inherente a nuestras determinaciones. Las juzga, en última instancia, para denunciar el peligro que entrañan de esclavitud. Las mide en su inadecuación respecto a su nivel de serenidad. Tal sería la lección que da la antigua sabiduría oriental a la filosofía.

3. ¿Cuál sería la típica pregunta que el sabio de tierras lejanas le dirigiría al cristiano? La respuesta ha de tener en cuenta una cierta analogía de la situación. El cristiano, lo mismo que el filósofo, se encuentra situado en un mundo de miseria que ha de transformar en nombre de su fe. Él es también miembro de una ciudad de la que se siente, en su medida, responsable. Como el filósofo, también él le reprocha al hombre confuciano un cierto miedo a la decisión e, incluso, el oportunismo de sus complacencias.

A la inversa, el sabio en nombre de su indiferencia le recuerda al cristiano el peligro de un encerramiento en sus iniciativas o sus opciones. A decir verdad, el Evangelio no se olvida –ante el peligro de la actividad febril y esclavizadora– de ponernos en guardia: «¿De qué le sirve al hombre ganar todo el mundo?».

Ahora bien, el sabio de tierras lejanas, sin negar la pertinencia de esas palabras, se pregunta si ese interrogante evangélico es de verdad radical. Es cierto, hay motivos para advertirnos de los peligros de la riqueza, del bienestar y de la voluntad de dominio. Pero eso, diría él, tal vez es el mal menor. Para el sabio, ¿no es el mal supremo el absoluto de una decisión que nos ata para siempre a una persona, aunque sea tan fascinante como la persona de Jesús? La idolatría que nos encierra en lo incondicionado, he ahí, diría él, el vicio radical de toda religión y de toda fe, según la acepción corriente de estos términos. Para concluir, preguntémonos más bien: ¿no será el absoluto, con o sin mayúscula, el mal absoluto?

4. Ésta es la verdadera pregunta que yo mantendría de la antigua sabiduría china. No está formulada en esos términos en los textos que hemos comentado. Si asumo la responsabilidad de la formulación es porque está inscrita en la misma lógica de las proposiciones iniciales (cfr. *supra*, p. 173). ¿Cuál puede ser entonces la reacción del cristiano a esa pregunta?

La pregunta debe diversificarse según se refiera al absoluto en cuanto absoluto, al absoluto que califica a este o aquel personaje venerado por una religión, al absoluto de un imperativo ético y, por último, al absoluto que afecta a una decisión de religión o de fe.

- *El absoluto como tal.* Sigo creyendo que el absoluto se perfila en el axioma tantas veces citado: «todo lo que es, o es en sí, o en otro». Es posible que no haya del absoluto más que una definición axiomática. El sabio confuciano no parece escapar a su necesidad: la indiferencia sapiencial, asimilada a la imagen del cielo, es exactamente aquello a partir de lo cual puede conservarse el equilibrio de la balanza entre dos contrarios de ninguno de los cuales se quiere ser esclavo. A su ilimitación se le asocia la posibilidad de juzgar la parcialidad de toda decisión. Una sabiduría fluctuante, relativa a la situación, contradiría la inmóvil serenidad que se invoca. O es absoluta o no es nada.
- *El absoluto como fijo en un personaje.* Entiendo *personaje* en el sentido de una concreción que puede ser bien una figura con parecido humano, bien una función que goza del beneficio de una excelencia unánimemente reconocida.

En el primer caso, el absoluto es el Dios de esta o aquella religión, en particular, el Dios de la Biblia y el del cristianismo que se inspira en ella. El inevitable origen humano de los atributos, por sublimes que sean, es a la vez manifiesto y, en su manifestación, merecedor de un correctivo de iconoclastia. Ahora bien, el mismo nombre de «Dios» sugiere muchas veces, a despecho de la torpeza de las imágenes, una «sensación» de infinita distancia que afecta y pone en crisis el lenguaje.

En la otra vertiente, que ilustra, entre otros, el neoplatonismo, el dios sólo es una ilustración o personificación limitadora. Más allá del dios, el absoluto se presenta bajo modalidades más abstractas y menos circunscritas: el Bien, el Uno, etc.

- *El absoluto ético*. En nuestros días, este absoluto se presenta la mayoría de las veces bajo la forma del «tú no matarás» inspirado, inicialmente, por el judaísmo. Teniendo en cuenta la pérdida de la personalidad que las caracteriza, las religiones orientales no parecen haber captado su radicalidad. En un ambiente occidental, la justificación de la prohibición en su total incondicionalidad se asocia, por una parte, a la situación privilegiada de la individualidad humana y a su lugar de excepción en el mundo. Una reflexión más profunda vería en un rostro humano la relación al absoluto divino o a un infinito que no permite tratar lo humano como un ente cualquiera.
- *El absoluto de la decisión de fe*. En virtud del principio de intencionalidad, la fe participa de la condición de su objeto. Pero del absoluto, sólo es posible tener en la tierra representaciones siempre limitadas. El acto que apunta a él, a través de esas representaciones, participa del absoluto que manifiestan. Él no puede sufrir sus limitaciones. Por eso invita a continuas revisiones. Para un análisis detallado del caso de Cristo (cfr. *supra*, p. 136).

5. La cuestión planteada por esa lejana sabiduría no puede, por tanto, ser rechazada. No obstante, una respuesta adecuada ha de tener en cuenta diferentes casos. En el asunto del cristianismo, el actual problema del monoteísmo y, ligado a éste, el relativo al absoluto y a la unicidad de Cristo invitan a unas revisiones a las que parece hoy difícil sustraerse. Siempre será verdad, y conviene repetirlo aun a riesgo de la confusión, que el cristianismo reivindica una originalidad específica que no se puede ignorar y que él, antes que ningún otro, está obligado a respetar con vistas a hacerla fructificar.

El cristianismo es una vía. Ahora bien, no podemos concebir una vía que sea única. La razón es bien clara. El Absoluto al que hace referencia no puede presentarse ni de una sola vez, ni en un solo lugar, ni en una sola manifestación o revelación que, respondiendo adecuadamente al Absoluto, abarcara su ilimitación. Lo que hemos denominado «verdad hodológica» (cfr. *supra*, p. 96-102) refleja el momento en que se encuentra el cristiano en la actualidad. ¿Se trata de una nueva forma de conversión? Se puede pensar gustosamente en ella. Quizá sea la más difícil de las conversiones. Y no se podrá llevar a cabo y mantenerse en ella sin el coraje de los más duros desgarramientos.

Perspectivas

Lo que se le exige al cristianismo en las presentes circunstancias se impone a toda religión o movimiento espiritual, al menos si acepta inscribirse en lo que se ha venido en llamar «espacio interreligioso». El Absoluto al que se hace referencia y hacia el que convergen o deberían converger todas las vías *se presenta, a la vez, como la instancia que libera y como el más grave de los peligros;* me refiero al peligro de «absolutizar» aquellas realidades que, por vocación, está llamadas a hacerlo descender a tierra en la estrechez de una representación.

En contra del uso que con demasiada frecuencia se ha hecho del Absoluto al servicio de una voluntad de dominio, es deseable que llegue a ser lo que debería haber sido siempre para todos, es decir, inmanente a la conciencia de nuestra limitación e imperativo universal de conversión. Para nuestro consuelo, sería injusto no ver en todas estas formas religiosas o espirituales, de las que tanto he recibido, el factor crítico que les impide encerrarse en sí mismas.

En el viejo Occidente, la crítica filosófica y más aún la influencia de las ciencias de la naturaleza y de las ciencias humanas, en especial de la historia, le han dado a la religión algunas sacudidas con resultados de purificación. Inducen al relativismo mediante una constante interpelación que lamentablemente no ha sido bien comprendida a veces.

A su vez, el lejano Oriente –brahmánico, budista o sapiencial– ha sufrido las mismas turbulencias y análogas revisiones. Pero han quedado reducidas a asunto interno. En la actualidad, Oriente debería inspirarse en las disciplinas de naturaleza crítica que tan notable repercusión han tenido en Occidente. De esta manera, un mejor conocimiento por ambas partes del ambiente circundante les ayudaría a tener una más justa conciencia de sí.

Ahora bien, sería un error convertir, como a mí me ha sucedido, las relaciones interreligiosas en debates o intercambios que pudieran ajustarse al modelo de las *cuestiones disputadas* de la Edad Media. La religión y la espiritualidad son, ante todo, formas de vida que no se reducen a verdades o proposiciones –sin llegar a excluirlas– relativas a una imagen del mundo que se apoya en una tradición más o menos reconocida y no tanto en ideas claras. «Que el justo sea cada vez más justo» es una máxima práctica que cada uno debería hacer suya.

El cristiano, que ya no se siente en casa en nuestras Iglesias, ¿recuperará el candor de los dos primeros discípulos que sencillamente le preguntan al Maestro, encontrado al azar, ¿Dónde vives»? La respuesta la conocemos. También es bien sencilla: «Venid y lo veréis» (Juan 1, 38-39). Experimentadlo.

Ahora bien, la experiencia no se impone. No hay autoridad que os pueda retener en un lugar en que os falta el aire. Sea cual sea el camino que hayáis elegido, sabed que él solo no os llevará a ninguna parte. Las religiones, en adelante, deben apoyarse más en la fuerza de la experiencia, de iniciativa personal más que en celebraciones multitudinarias que, tras un cierto calentamiento psíquico, pretenden ser fiestas de la juventud mundial.

Ciertamente, el Evangelio siempre está al alcance de cualquiera. Pero no puede sacudirnos si no es la respuesta a una expectativa. Mas me temo que hoy es cada vez más raro el caso de quienes sienten y experimentan sed... Con todo, a los que tienen miedo de que el cristianismo desaparezca por agotamiento, conviene responderles que sólo pueden salvarlo los agotados.

Con respecto a las mismas religiones, conviene que ellas, en el espacio interreligioso que las libera de su aislamiento, al conocerse mejor, pongan por obra la nueva fuerza que nace de sus relaciones. Lo interreligioso les da a cada una de ellas una dimensión mundial. Por eso mismo, aunque por principio sean universales, la perspectiva de un mundo que las necesita permitirá avivar esa conciencia de universalidad.

Esta preocupación, que siempre habíamos creído específica de un cristianismo forjado en el doliente Siervo de Isaías, vemos que no la desconocía el «budismo de la fe». De esta fe budista me quedo con estas maravillosas estrofas:

> ¡Ojalá pudiese yo ser para los enfermos remedio, médico, enfermero hasta la desaparición de la enfermedad!
> ¡Ojalá pudiese yo calmar por medio de lluvias de alimentos y de bebida el suplicio del hambre y la sed (...) y llegar a ser yo mismo bebida y alimento!
> ¡Ojalá pudiese yo ser para los pobres un tesoro inagotable!
> El *nirvana* es el abandono de todo y mi alma aspira al *nirvana*.
> Puesto que debo dejarlo todo, más vale darlo a los demás[1].

No veo para este recorrido mejor conclusión.

1 Cfr. D. Gira, *o.c.*, p. 180.

Índice